JN235634

ごちそう
グラタンと
あつあつ
チーズレシピ

おうちで簡単!
大好きとろ〜りチーズで焼くだけ夕ごはん
人気のハフハフレシピ103

はじめに

今も昔も不動の愛され人気メニュー"グラタン"。
大人たちにはハフハフしながら食べたなつかしの味であり、
子どもにはいつでもできたてのあつあつを食べる感動があり……。

ごはんを作る側になんともうれしいのは
1品でそんなに喜ばれるグラタンが、とにかく簡単で豪華であること！

「きょうは忙しい」「家族は何時に帰ってくるかな……？」という日は
時間のあるときに下準備して、ごはんの直前に
オーブントースターにポン！　ほったらかしでOK。
「買い物に行けない」「冷蔵庫にある材料を使いきりたい」という日は
今ある材料にチーズをのせて焼くだけで、あり合わせとは思えない
ボリュームごはんに！

この本では
こんがり焼いてチーズに焼き色をつけたもの全般が「グラタン」。
王道のマカロニグラタンから
斬新なアレンジグラタンまで、たっぷりとご紹介。
1品で大満足のドリアやラザニア、
スパゲッティグラタンもいいし、
もちろん、グラタンをおかずとして献立に入れてほしい。
グラタンに合うのはパンだけなんて、大まちがい!
白いごはんに合うグラタンは、家族に大喜びされるはず。

チーズファン必見、
"あつあつチーズレシピ"もそろえた全103レシピで
とろ〜りチーズの魅力を存分に味わって。

まず、「グラタンを食べたい」と思ったら
むずかしいことは考えずに。
今夜はおうちでハフハフしよう!

Contents

Part 1
みんな大好き！
今も昔も愛され王道グラタン

作り方がシンプルなグラタン
- 8　ハムとペンネのシンプルグラタン
- 10　ひき肉のマッシュポテトグラタン
- 11　鶏肉とほうれんそうのトマトグラタン
- 12　フィッシュグラタン

いちばん人気のグラタン
- 14　えびマカロニグラタン
- 16　かぼちゃのミートグラタン

ごはんのおかずにぴったりのグラタン
- 18　ハンバーググラタン
- 20　カキとこんがりねぎのみそクリームグラタン
- 21　とうふのトマトグラタン
- 22　豚肉と長いものカレーグラタン
- 23　ビーフストロガノフ風グラタン

これ1品でごはんになるグラタン
- 24　焼きカレードリア
- 26　スパゲッティグラタン
- 27　えびとパスタのトマトクリームグラタン
- 28　ほうれんそうのパングラタン
- 29　しそ明太チーズもちグラタン

- 30　覚えておきたい ソースのきほん
　　　ホワイトソース　ミートソース　トマトソース

- 32　COLUMN 1
　　　グラタンの素材組み合わせカタログ
　　　／毎日使いのCheeseカタログ

Part 2
メニューに悩まない
素材で選ぶ 毎日グラタン

鶏肉×野菜
- 36　鶏肉のミートソースグラタン
- 38　鶏胸肉とカリフラワーのチーズクリームグラタン
- 39　鶏肉とアスパラガスのみそドリア

ひき肉×野菜
- 40　ひき肉のトマトグラタン
- 41　ひき肉とさつまいものグラタン
- 42　きのこのドリア
- 43　白菜のチーズグラタン

豚肉×野菜
- 44　豚肉とじゃがいもの重ねグラタン
- 45　豚こまとほうれんそうのマヨたまグラタン

魚介×野菜
- 46　えびのケチャップドリア
- 47　鮭とほうれんそう、エリンギのマヨグラタン
- 48　塩だらとじゃがいものグリーングラタン
- 49　ほたてとブロッコリーのマヨグラタン

加工品×野菜
- 50　ハムと大根の簡単グラタン
- 51　チンゲンサイとハムのコーンクリームグラタン

とうふ×野菜
- 52　とうふのカレークリームグラタン
- 53　とうふのミートソースグラタン
　　　とうふのホワイトソースグラタン

卵×野菜
- 54　マッシュルームとベーコンの卵チーズグラタン
- 55　ゆで卵と白菜のクリームグラタン
- 56　卵ソースのきのこドリア

野菜×野菜
- 57　白菜のデミソースグラタン
　　　長いもおろしのグラタン風

58	前日のおかずが生まれ変わる 2日目はグラタン! ひじき煮ととうふのマヨみそグラタン ひじき煮入り和風ドリア きんぴらと鶏肉のドリア ラタトゥイユと厚揚げのグラタン ロールキャベツのグラタン 麻婆グラタン　焼きカレー
60	**COLUMN 2** グラタンの日の献立はこれ！ ＋1品サラダ シーザーサラダ　明太ポテトサラダ 半熟卵とアボカドのサラダ かぼちゃのマヨーグルサラダ　ニース風サラダ

Part 3
おもてなしに最適！
こんがり焼いた ごちそうの1品

64	ラザニア　ギョーザの皮のラザニア
66	カリフラワーとブロッコリーのフラン
67	なすのフラン
68	そら豆とハムのパンキッシュ
69	お豆たっぷり簡単キッシュ ギョーザの皮のミニキッシュ
70	フラメンカエッグ
71	オニオングラタンスープ まるごと焼きトマトのスープ仕立て
72	鶏肉のトマトソース焼き
73	ラム肉のパン粉焼き たこのオーブン焼き
74	**COLUMN3** グラタンの日の献立はこれ！ ＋1品スープ コーンクリームスープ　ミネストローネ クラムチャウダー　ビシソワーズ　野菜のスープ

Part 4
ミニおかずやおつまみにも
チーズのせて焼くだけ！
あつあつチーズレシピ

78	アスパラの卵チーズ焼き とうもろこしのマヨネーズ焼き
79	チーズとミニトマトのグリル スパムとキャベツのチーズ蒸し
80	白菜の軸のチーズ焼き　トマトのチーズマヨ焼き 輪切り玉ねぎのチーズ焼き
81	エリンギのイタリアングリル かぼちゃの蒸し焼き とろけるチーズのせ ブロッコリーのカレーマヨ焼き
82	肉詰めゴーヤーのチーズ焼き　鶏チーいなり焼き
83	ココットinポテト　トマトの落とし卵グラタン
84	厚揚げのきのこみそチーズ焼き 長いものチーズピザ風
85	ソーセージとトマトのオープンチーズオムレツ ゆで卵とじゃがいものチーズ焼き
86	揚げさつまいもの黒ごまチーズソース 焼きカマンベール
87	チーズ焼きおにぎり　もちピザ
88	合いびき肉のチーズ焼き　鮭の和風ピザ風
89	鶏胸肉のチーズ焼き　豚肉のにらみそチーズ焼き

心もカラダも癒される あったかSWEETS

90	いちごのグラタン　バナナナッツグラタン
91	ブルーベリーのフラン　アップルクランブル
92	バナナスイートポテト　トースターチーズケーキ
93	さつまいものクリームチーズ焼き チーズスフレプリン

この本のルール

●材料は、2人分または4人分（料理によっては作りやすい分量）を目安に表示しています。
●小さじ1は5ml、大さじ1は15ml、1カップは200mlです。ただし、米は炊飯器の付属カップ180mlではかります。
●スープは、顆粒または固形スープ（コンソメ、ブイヨンの名の市販品）でとった洋風だしです。
●野菜類は、特に表記のない場合、洗う、皮をむくなどの作業をすませてからの手順を説明しています。
●オーブンは電気オーブンを使用しています。オーブン、オーブントースターの焼き時間は目安です。お使いの機種によって、温度、時間、焼き上がりの状態が異なることもありますので、様子を見ながらかげんしてください。
●電子レンジの加熱時間は、特に表記のない場合、500Wのものを使用したときの目安です。600Wのものなら時間を約0.8倍にしてください。なお、機種によって多少異なることもありますので、様子を見ながらかげんしてください。
●フライパンは原則として、フッ素樹脂加工のものを使用しています。
●作り方の火かげんは、特に表記のない場合、中火で調理してください。

みんな大好き! 今も昔も愛され 王道グラタン

Part 1

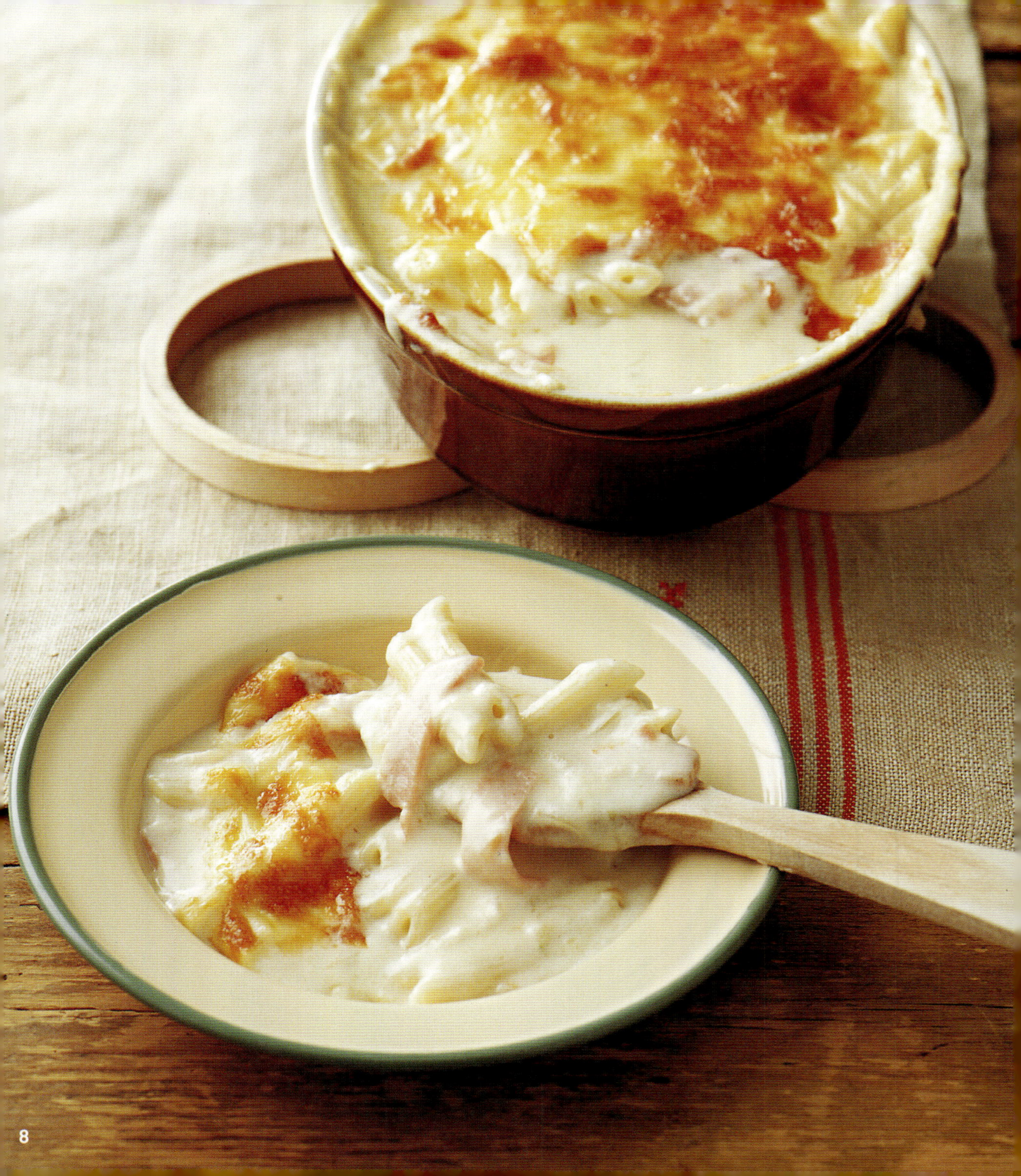

Part 1 今も昔も王道グラタン

作り方がシンプルなグラタン

ソースができたら具を加え、フライパンひとつで下準備完了

ハムとペンネのシンプルグラタン

材料（4人分）
ロースハム……5～6枚（100g）
ペンネ……100g
玉ねぎ……1個
小麦粉……大さじ3½
A ｜ 固形スープ……2個
　｜ 湯……1カップ
　｜ ローリエ……1枚
塩……適量
こしょう……少々
牛乳……4カップ
バター……40g
ピザ用チーズ（細切りタイプ）……80g
※ホワイトソースは作りやすい分量

作り方

準備
1 ロースハムは短冊切り、玉ねぎは薄切りにする。ペンネは塩少々を加えた熱湯で袋の表示時間より2分長くゆで、ざるに上げて水けをきる。
2 フライパンにバターをとかし、玉ねぎをいためる。しんなりとしたら小麦粉を振り入れ、粉っぽさがなくなるまで強火でいためる。牛乳を少しずつ加えてしっかりねりまぜ、**A**を加える。ときどきまぜながらとろりとするまで弱めの中火で7～8分煮て、塩少々、こしょうで調味する。
3 2の半量は保存用としてとり分け、フライパンにペンネ、ハムを加えてひと煮立ちさせる。

焼く
4 耐熱容器に**3**を入れてチーズを散らし、220度のオーブンで10分焼く。（藤井）

絶対失敗しない POINT

ソースがダマにならないポイント①
玉ねぎをしんなりとするまでいためたら小麦粉を振り入れ、粉っぽさがなくなるまで弱火でいためると、ダマにならない。

ソースがダマにならないポイント②
ダマにならないもうひとつのコツは、牛乳を少しずつ加える→まぜる、をくり返すこと。早くとろみがつく効果もあり、一石二鳥！

おなじみ食材で、シンプルなのに豪華な1品

ひき肉のマッシュポテトグラタン

作り方がシンプルなグラタン

材料（4人分）
合いびき肉……300g
じゃがいも……5個（500g）
玉ねぎ……1個
にんにく……1かけ
A ┃ バター……大さじ1
　　┃ 牛乳……120mℓ
　　┃ 塩……少々
B ┃ 酒、トマトケチャップ
　　┃　……各大さじ2
　　┃ 中濃ソース……大さじ1
　　┃ 塩、こしょう……各適量
オリーブ油……大さじ1
ピザ用チーズ……40g
パン粉……少々

作り方

準備

1 じゃがいもは一口大に切ってなべに入れ、かぶるくらいの水を加え、強火にかけてやわらかくなるまでゆでる。湯をきって水けをとばし、熱いうちにつぶして**A**を加えまぜる。

2 玉ねぎはみじん切りにする。フライパンにオリーブ油、にんにく、玉ねぎを入れていため、玉ねぎが透き通ってきたら、ひき肉を加えていためる。肉がほぐれたら**B**を加え、やや濃いめに味をととのえる。

焼く

3 耐熱容器に**2**を入れて**1**をのせ、チーズを散らしてパン粉を振り、オーブントースターで5〜7分焼く。
（今泉）

Part 1 今も昔も王道グラタン

トマト缶を使って、具たっぷりの短時間クッキング
鶏肉とほうれんそうのトマトグラタン

作り方がシンプルなグラタン

材料（4人分）
鶏胸肉 …… 小1枚
ほうれんそう …… 1束
玉ねぎ …… 1/4個
にんにくのみじん切り …… 小さじ2
A｜ トマト缶 …… 1缶（400g）
　｜ 顆粒スープ …… 小さじ1/2
　｜ 塩、こしょう …… 各少々
塩 …… 適量
こしょう …… 少々
酒 …… 大さじ3
オリーブ油 …… 大さじ2
ピザ用チーズ …… 50g

作り方

準備
1 ほうれんそうは塩ゆでにして水にとり、水けをしぼって長さを4等分に切る。玉ねぎは薄切りにする。鶏肉は一口大に切り、塩少々、こしょうを振る。
2 フライパンにオリーブ油を熱し、にんにく、玉ねぎをいためる。しんなりとしたら鶏肉を加えていため、肉が色づいたら酒を振る。アルコール分がとんだら**A**を加えてひと煮立ちさせ、ほうれんそうを加えてさっと煮る。

焼く
3 耐熱容器に**2**を入れてチーズを散らし、オーブントースターで焼き色がつくまで8〜10分焼く。（小林）

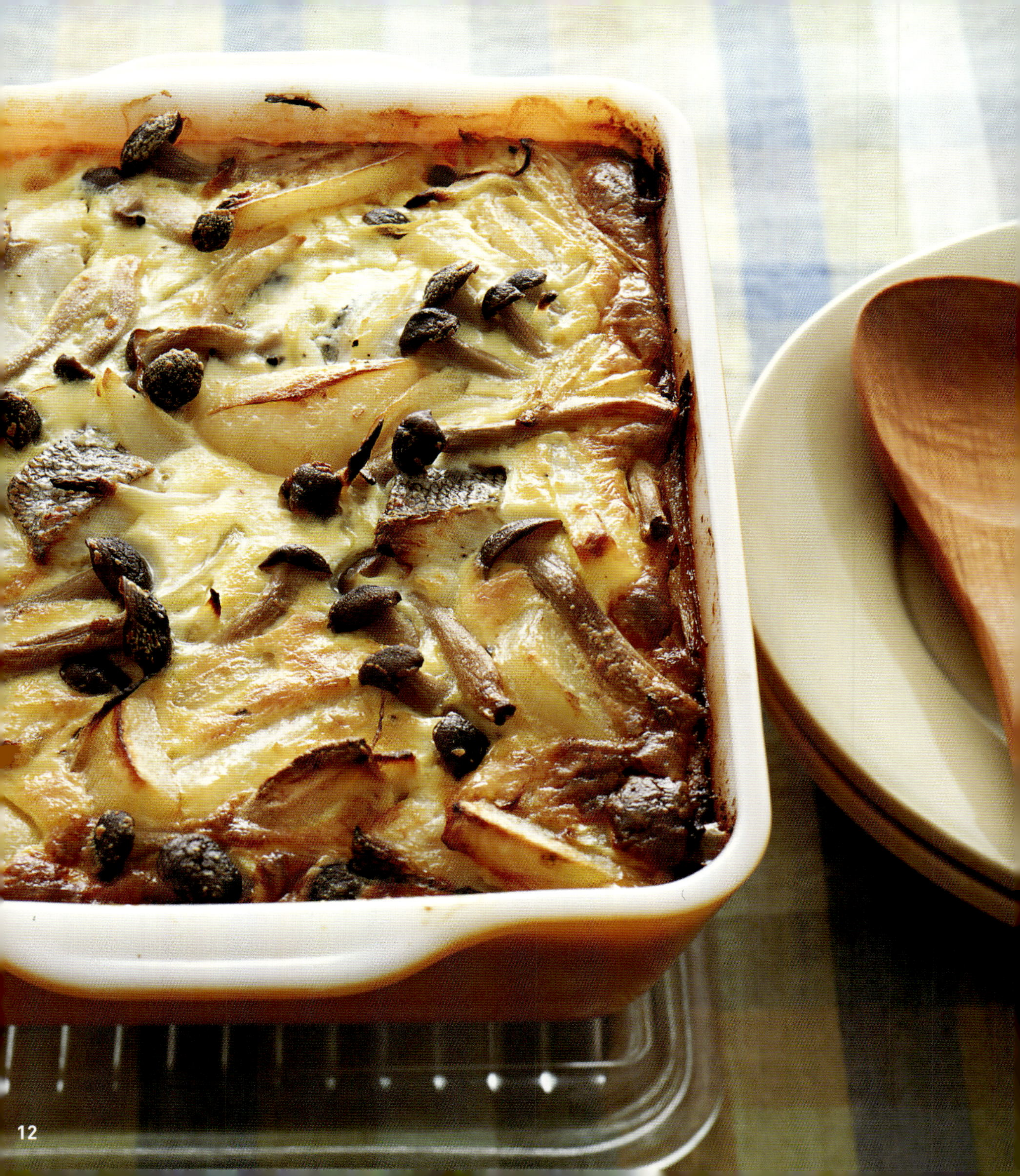

まぜるだけのラクラクソースで
あとはオーブンにおまかせ

フィッシュグラタン

作り方が
シンプルな
グラタン

Part 1 今も昔も王道グラタン

材料（4人分）
- たら …… 4切れ
- しめじ …… 1パック
- 玉ねぎ …… 1個
- じゃがいも …… 2個
- 卵 …… 2個
- A
  - 生クリーム …… ½カップ
  - 牛乳 …… 1カップ
  - 粉チーズ …… 30g
  - 塩 …… 小さじ½
  - あらびき黒こしょう …… 適量
- 塩、あらびき黒こしょう …… 各適量
- サラダ油 …… 大さじ1

作り方

準備

1 たらは4等分のそぎ切りにし、塩、黒こしょう各少々を振る。しめじは石づきを除いてほぐし、玉ねぎは縦半分に切ってから薄切りにする。じゃがいもは1cm厚さの半月切りにする。

2 ボウルに卵を割りほぐし、Aを加えてまぜ合わせる。

3 フライパンにサラダ油を熱し、じゃがいもの両面をこんがりと焼く。玉ねぎ、しめじを加えていため合わせ、塩、黒こしょう各少々を振る。しんなりとしたら2に加え、たらを加えてまぜる。

焼く

4 耐熱容器に3を入れ、220度にあたためたオーブンで焼き色がつくまで30分ほど焼く。竹ぐしを刺してみて何もついてこなければ焼き上がり。
（コウ）

好みのパンを
添えれば
ランチにぴったり
小さめの耐熱容器を使えば、オーブントースターで焼いてもOK。パンを添えて、カフェ風ランチに。

簡単おいしい POINT

絶品ソースは
まぜるだけでOK！
このグラタンのソース、なんとまぜるだけなのに濃厚クリーミーな仕上がりに！調理もオーブンまかせだから、忙しいときにぴったり。

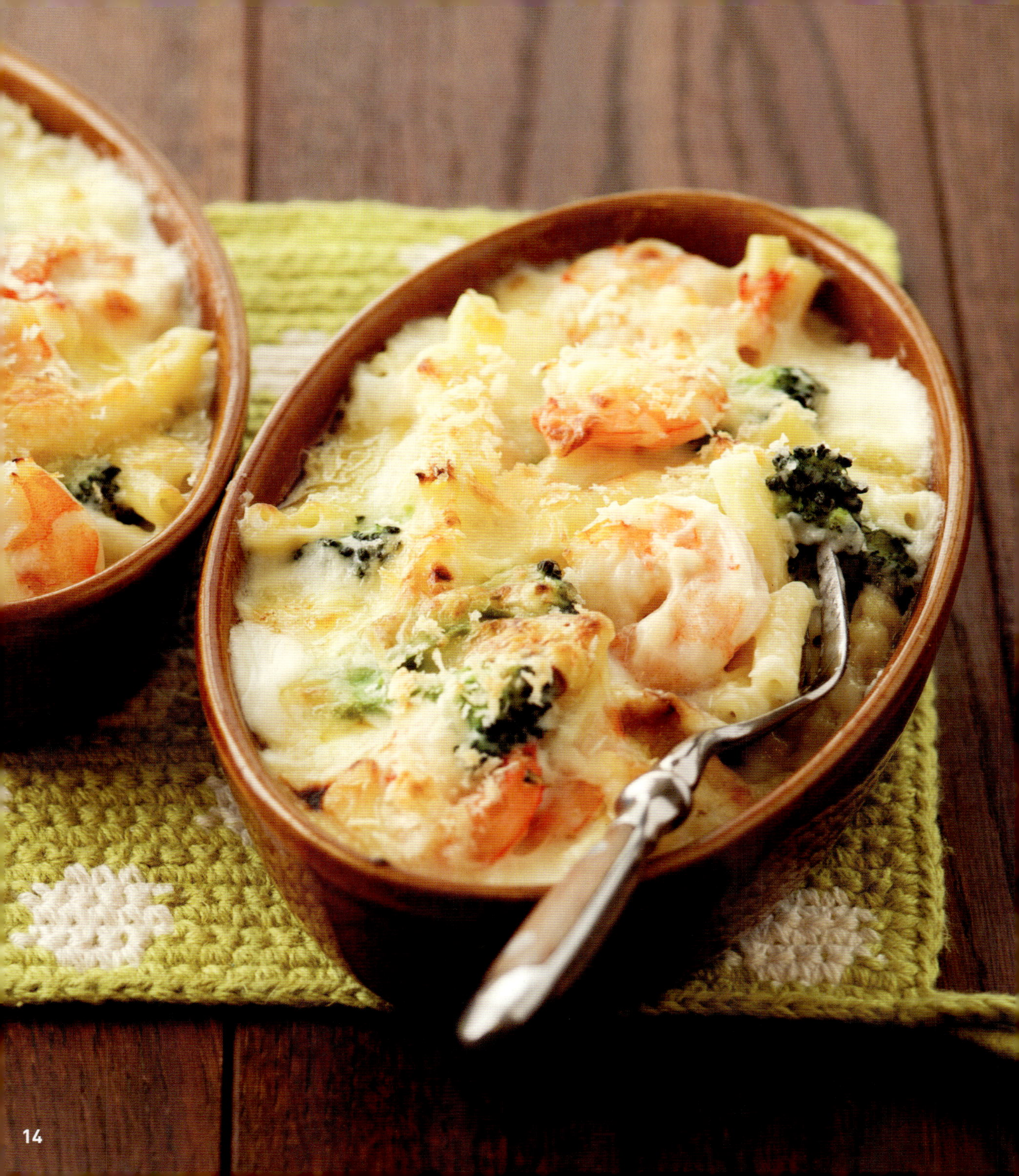

Part 1 今も昔も王道グラタン

いちばん人気のグラタン

レパートリーに絶対加えたい
不動の人気グラタン

えびマカロニグラタン

材料（2人分）
- えび（殻つき）…… 小10尾
- ブロッコリー …… 60g
- マカロニ …… 80〜90g
- ホワイトソース（下記参照） …… 2人分
- かたくり粉 …… 小さじ1
- 塩 …… 適量
- **A** ｜ 白ワイン（または酒） …… 大さじ2
  ｜ 塩、こしょう …… 各少々
- ピザ用チーズ …… 40g
- パン粉 …… 少々
- バター …… 小さじ½

作り方

【準備】
1 えびは尾の先端を斜めに切り落とし、キッチンばさみなどで背に切り目を入れて背わたを除き、かたくり粉をもみ込んで洗い、水けをふく。なべに**A**とともに入れて火にかけ、煮立ったら上下を返してふたをし、弱火で1分ほど蒸し煮にする。蒸し汁ごととり出して冷まし、殻をむく。

2 ブロッコリーは食べやすく切り、水にさらしてから塩ゆでにする。マカロニは熱湯4カップに塩小さじ1強を加えて袋の表示時間どおりにゆで、ざるに上げる。

3 フライパンにホワイトソースを入れて煮立て、えび（蒸し汁ごと）、**2**を加えてまぜ、味をみて足りなければ塩を足す。

【焼く】
4 耐熱容器に**3**を入れ、チーズ、パン粉、小さくちぎったバターを散らし、オーブントースターで焼き色がつくまで5〜7分焼く。（今泉）

あると便利！

ホワイトソースの作り方

材料（約800g／グラタン4〜5人分）
玉ねぎの薄切り½個分（100g） 小麦粉大さじ5　牛乳4カップ　**A**（固形スープ〈チキン〉½個　塩、こしょう各少々）　バター大さじ4

1 フライパンにバターを入れてとかし、玉ねぎをしんなりとするまでいためる。小麦粉を振り入れてまぜ、弱めの中火で1分ほどいためて火を止める。

2 牛乳を一気に加えてよくまぜ、再び火にかけてまぜながら煮立てる。弱火にして2分ほど煮詰め、**A**でやや薄めに味をつける。
※好みでローリエ小1枚を加えて煮ても。

プロセス写真つき作り方はp.30 ➡

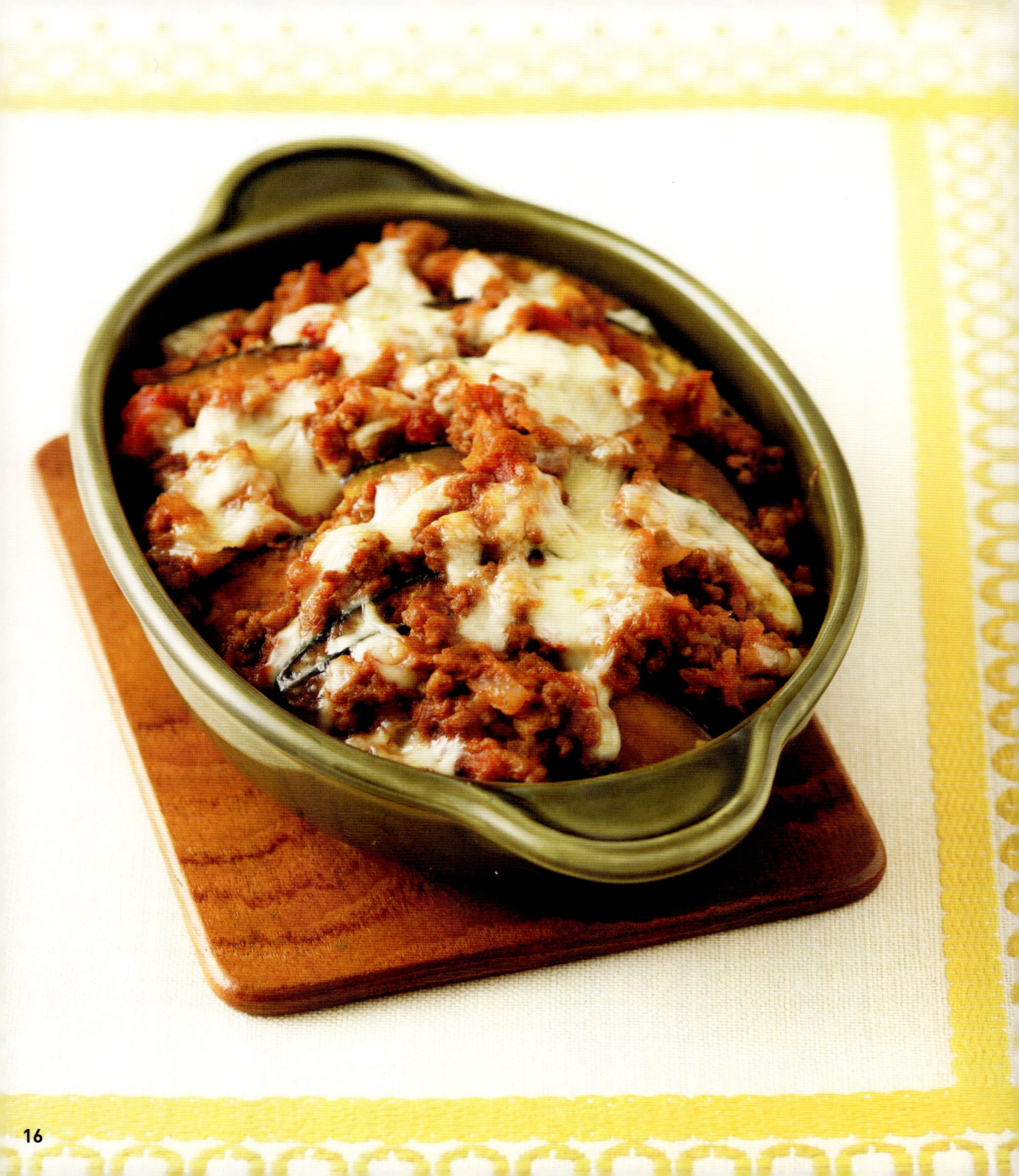

Part 1 今も昔も王道グラタン

いちばん人気のグラタン

ミートソースの作りおきに絶対おすすめの1品

かぼちゃのミートグラタン

材料（2〜3人分）
かぼちゃ……250g
玉ねぎ……小1個（150g）
ミートソース（下記参照）
……400〜500g
サラダ油……大さじ1½
ピザ用チーズ……40g

作り方

準備
1 かぼちゃは8mm厚さに切り、玉ねぎは縦半分に切ってから横に1cm厚さに切る。
2 フライパンにサラダ油大さじ½を熱し、玉ねぎの両面を香ばしく焼いてとり出す。フライパンをふき、残りのサラダ油を熱してかぼちゃの両面を焼く。

焼く
3 耐熱容器にあたためたミートソースの½量、2、残りのミートソースを順に重ねチーズを散らしてオーブントースターで5〜6分焼く。（今泉）

あると便利！

ミートソースの作り方

材料（約1kg／グラタン4〜5人分）
合いびき肉400g　玉ねぎのみじん切り1個分（200g）　にんにくのみじん切り小1かけ分　にんじん、セロリのみじん切り各50g　赤ワイン½カップ　**A**（トマト缶〈カット〉1缶〈400g〉　ローリエ1枚　トマトケチャップ大さじ2　固形スープ〈チキン〉1個　塩小さじ½　あらびき黒こしょう少々）　**B**（塩適量　あらびき黒こしょう少々）　オリーブ油大さじ2

1 なべにオリーブ油を熱し、玉ねぎ、にんにく、にんじん、セロリをしんなりとしてやや色づくまでいため、ひき肉を加えていため合わせる。色が変わって水分がとんだら赤ワインを加えて煮詰め、水分をとばす。
2 **A**を加えて煮立て、ふたをしてときどきまぜながら30〜40分煮、**B**で味をととのえる。

プロセス写真つき作り方はp.31 ➡

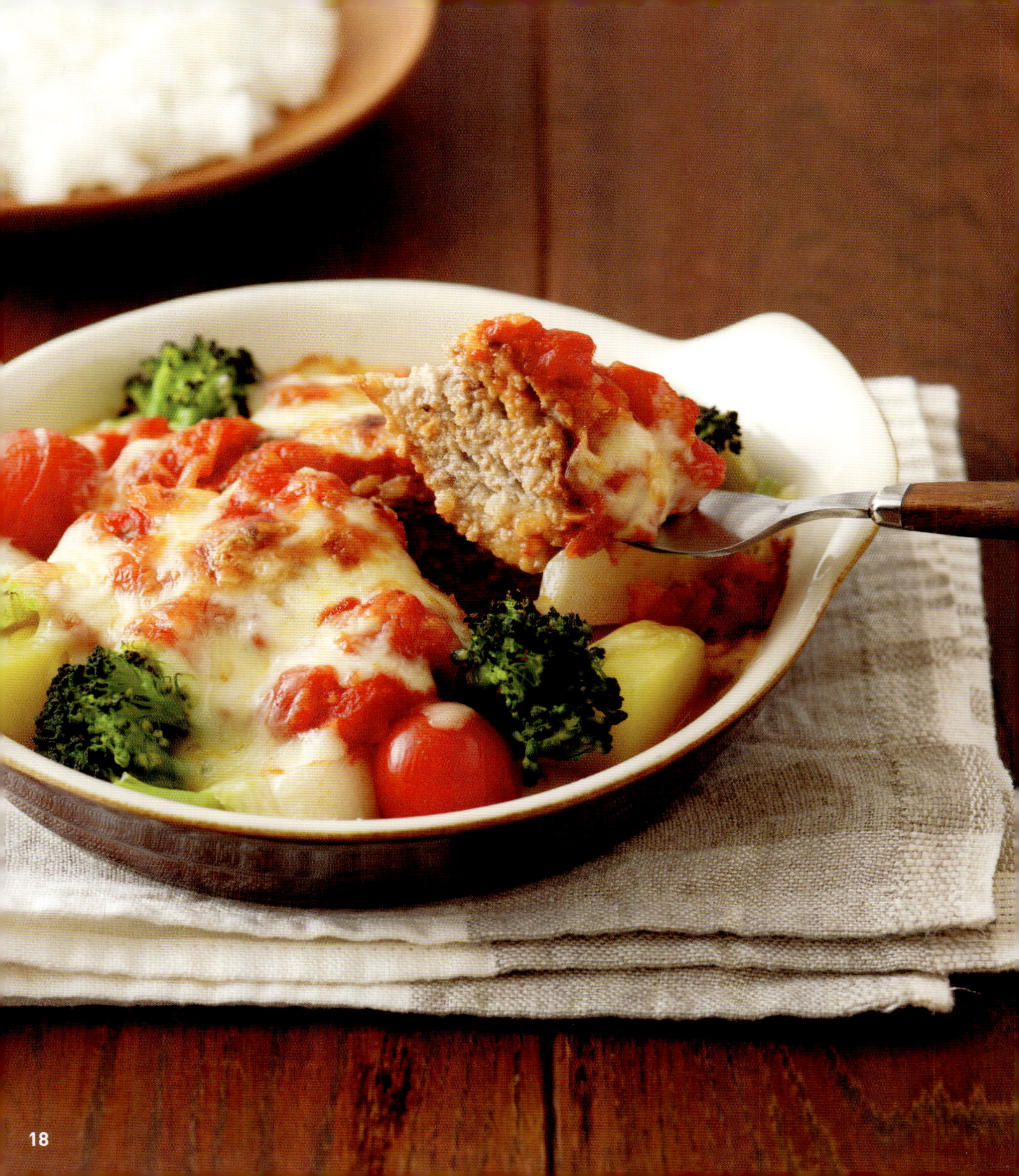

> グラタン×ハンバーグで夢のコラボレーション！
> 二度おいしいハンバーグをどうぞ

ハンバーググラタン

ごはんのおかずにぴったりのグラタン

Part 1 今も昔も王道グラタン

材料（2人分）
ハンバーグ（下記参照。市販品でも可）…… 2個
ミニトマト …… 6〜8個
じゃがいも …… 小1個
ブロッコリー …… 60〜70g
かぶ …… 1個
トマトソース …… 250g
塩 …… 小さじ2
ピザ用チーズ …… 60g

作り方

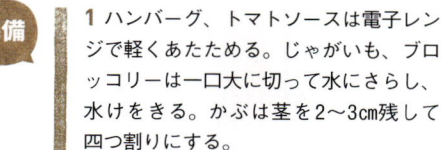

準備

1 ハンバーグ、トマトソースは電子レンジで軽くあたためる。じゃがいも、ブロッコリーは一口大に切って水にさらし、水けをきる。かぶは茎を2〜3cm残して四つ割りにする。

2 湯6カップに塩、じゃがいもを入れて火にかけ、6分ほどゆでる。かぶ、ブロッコリーを順に加え、ややかためにゆでてざるに上げる。

焼く

3 耐熱容器の中央にハンバーグを、まわりに野菜を並べ、トマトソースをかけてチーズを散らし、オーブントースターで6〜7分焼く。（今泉）

作りおきがおすすめ
ハンバーグの作り方

材料（4個分）
合いびき肉（なるべく赤身のもの）400g　玉ねぎのみじん切り小1個分（150g）　卵大1個　食パン（6枚切り）1枚　酒大さじ2　塩小さじ¾　あらびき黒こしょう少々　かたくり粉小さじ1　牛乳大さじ4　**A**（トマトケチャップ大さじ4　水、赤ワイン各大さじ2　ウスターソース大さじ½）　サラダ油大さじ½

1 玉ねぎは耐熱皿に入れてラップをふんわりとかけ、電子レンジで4分加熱して冷ます。パンはさっと水につけ、水けをしぼってボウルに入れ、牛乳を加えてほぐす。ひき肉、卵、塩、黒こしょう、玉ねぎ、かたくり粉を加え、泡立て器のように手を回しながら同じ方向にねりまぜる。4等分して円盤形にととのえ、中央をくぼませる。

2 フライパンにサラダ油を熱し、1を並べて焼く。焼き色がついたら上下を返して1分焼き、酒を振ってふたをし、5〜6分焼く。

3 器に盛り、フライパンに**A**を入れてさっと煮詰めてかけ、好みのつけ合わせ（分量外）を添える。

あると便利！

トマトソースの作り方

材料（約500g）
玉ねぎのあらいみじん切り100g　にんにくのみじん切り1かけ分　**A**（トマト缶〈カット〉1缶〈400g〉　水½カップ　固形スープ〈チキン〉½個　酒大さじ2）　塩小さじ⅓　オリーブ油大さじ1½

作り方
1 フライパンににんにく、オリーブ油を入れて熱し、玉ねぎを加えてしんなりとするまでいためる。**A**を加えて煮立て、弱火にしてときどきまぜながら8分ほど煮、トマトがとろりとしたら塩で調味する。

プロセス写真つき作り方はp.31 ➡

香ばしいカキとねぎにみそクリームがからんだ、冬のごちそう

カキとこんがりねぎの
みそクリームグラタン

ごはんのおかずにぴったりのグラタン

材料（2人分）
カキ……6個
ねぎ……1本
A｜塩、こしょう……各適量
　｜酒……小さじ2
　｜かたくり粉……大さじ4
B｜牛乳……1.5カップ
　｜こしょう……適量
　｜塩……小さじ¼
　｜顆粒スープ……小さじ½
みそ……小さじ2
ピザ用チーズ、パン粉……各適量
バター……適量

作り方

準備
1 ねぎは長さを3等分に切り、フライパンで焼いてこんがりと焼き色をつける。
2 カキは**A**をからめて下味をつける。
3 フライパンにバター大さじ2をとかし、カキを入れてこんがりと焼き、**B**を加えてとろみがつくまで少し煮詰める。とろみが少し軽くなったら火を止め、みそを加えてとかす。

焼く
4 耐熱容器にねぎを並べて**3**をのせ、チーズ、パン粉、バター少々を散らし、230度に予熱したオーブンで15分ほどこんがりと焼く。（堤）

Part 1 今も昔も王道グラタン

とうふを洋風メニューにして、ボリューム満点のおかずに
とうふのトマトグラタン

ごはんのおかずに
ぴったりの
グラタン

材料（2人分）
- 木綿どうふ …… 1丁
- ベーコン …… 3枚
- 玉ねぎのみじん切り …… 1/2個分
- にんにくのみじん切り …… 1かけ分
- 小麦粉 …… 適量
- A
  - トマト缶 …… 1缶（400g）
  - 固形スープ …… 1個
  - 塩 …… 小さじ1/2
  - こしょう …… 少々
- 生クリーム …… 大さじ2
- バター …… 小さじ2
- オリーブ油 …… 大さじ2
- ピザ用チーズ …… 100g

作り方

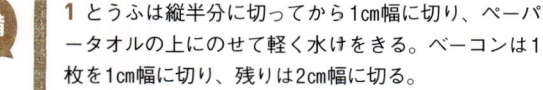

準備
1 とうふは縦半分に切ってから1cm幅に切り、ペーパータオルの上にのせて軽く水けをきる。ベーコンは1枚を1cm幅に切り、残りは2cm幅に切る。
2 なべにオリーブ油、にんにくを入れて弱火でさっといため、香りが出たら、玉ねぎと1cm幅に切ったベーコンを加え、玉ねぎが透き通るまでいためる。
3 Aを加え（トマトは手でつぶして加える）、ときどきへらでまぜながら半量になるまで煮詰める。

焼く
4 耐熱容器の内側にバターを薄く塗り、**3**の半量を敷き、小麦粉を両面に薄くまぶしたとうふを並べ、2cm幅に切ったベーコンをのせる。残りの**3**をのせ、生クリームをかけてチーズを散らす。オーブントースター（または200度のオーブン）で表面にこんがりと焼き色がつくまで焼く。（瀬尾）

ふんわり&シャキシャキの長いもの食感を生かして

豚肉と長いものカレーグラタン

ごはんのおかずに
ぴったりの
グラタン

材料（2人分）
豚切り落とし肉 …… 150g
長いも …… 200g
パプリカ（赤）…… ½個
カレールー（市販品）…… 30g
A ┃ にんにくのみじん切り …… ½かけ分
　┃ トマトケチャップ …… 大さじ1
　┃ 豆板醤 …… 小さじ⅙
B ┃ 鶏ガラスープのもと …… 小さじ1
　┃ 塩、こしょう …… 各少々
　┃ 水 …… 1カップ
塩、こしょう …… 各少々
あらびき黒こしょう …… 少々
牛乳 …… 1カップ
サラダ油 …… 小さじ2
スライスチーズ（とけるタイプ）…… 2枚

作り方

準備
1 長いもは¾量を7mm厚さの半月切りにし、残りはすりおろす。パプリカはへたと種を除いて乱切りにする。
2 フライパンにサラダ油を熱し、**A**を入れて弱火でいためる。香りが出たら、豚肉、半月切りにした長いも、パプリカを加えてさっといため合わせ、塩、こしょうを振る。
3 長いもに軽く焼き色がついたら**B**を加え、5分ほど煮て火を止める。カレールーを加えてとかし、再び火にかけて3分ほど煮る。牛乳とすりおろした長いもを加え、さっくりとまぜる。

焼く
4 耐熱容器に**3**を入れてチーズをのせ、黒こしょうを振り、オーブントースターで5〜6分焼く。（堤）

Part 1 今も昔も王道グラタン

ごはんにもパンにもぴったり。とろ〜りクリームチーズが美味
ビーフストロガノフ風グラタン

ごはんのおかずにぴったりのグラタン

材料（2人分）
- 牛切り落とし肉 …… 150g
- しいたけ …… 2個
- 玉ねぎ …… ½個
- にんにく …… ½かけ
- 小麦粉 …… 大さじ2
- 塩、こしょう …… 各適量
- 酒 …… 小さじ2
- A | しょうゆ …… 小さじ1
     | 顆粒スープ …… 小さじ¼
- 牛乳 …… 1¼カップ
- 生クリーム …… ¼カップ
- バター …… 大さじ2
- サラダ油 …… 小さじ1
- クリームチーズ …… 50g
- パン粉、粉チーズ …… 各適量

作り方

準備
1 牛肉は塩、こしょうを振る。しいたけは軸を除いて薄切りにする。玉ねぎ、にんにくは薄切りにする。

2 フライパンにサラダ油を強火で熱し、牛肉をさっといためる。色が変わったら酒を加えてさっといため、とり出す。フライパンをふいてバターを熱し、玉ねぎ、にんにく、しいたけをしんなりとするまでいため、牛肉を戻し入れて小麦粉を振り入れる。全体によくまざったら牛乳を加え、とろみが出るまで煮る。**A**を加えてひと煮し、生クリームを加えてひと煮立ちさせる。

焼く
3 耐熱容器に**2**を入れてパン粉、粉チーズを振り、5mm角に切ったクリームチーズを散らし、オーブントースターで8分ほど焼く。（堤）

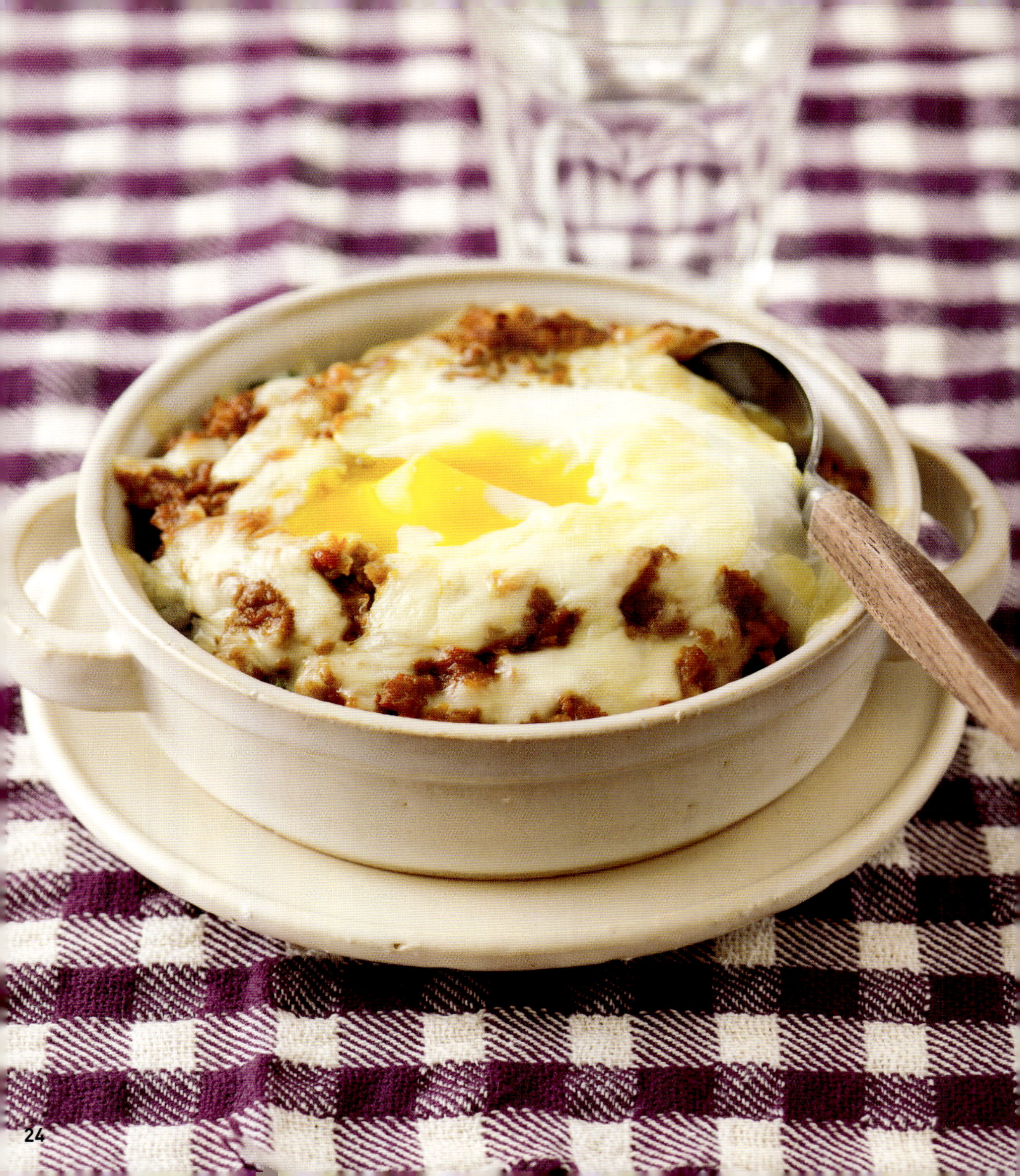

Part 1 今も昔も王道グラタン

ミートソースがキーマカレーに変身。
卵をくずす楽しみがたまらない
焼きカレードリア

これ1品で
ごはんになる
グラタン

材料（2人分）
ミートソース（下記参照）
　……400〜500g
カレー粉……小さじ2〜3
パセリのみじん切り……大さじ4
あたたかいごはん……400g
ピザ用チーズ……40g
卵……2個

作り方

準備
1 ボウルにごはんを入れ、パセリを加えてまぜ、耐熱容器に入れる。
2 あたためたミートソースにカレー粉を加えまぜ、1にかける。

焼く
3 中心をくぼませて卵を割り入れ、チーズを散らし、オーブントースターで5〜6分焼く。（今泉）

あると便利！

ミートソースの作り方

材料（約1kg／グラタン4〜5人分）
合いびき肉400g　玉ねぎのみじん切り1個分（200g）　にんにくのみじん切り小1個分　にんじん、セロリのみじん切り各50g　赤ワイン½カップ　**A**（トマト缶1缶〈400g〉　ローリエ1枚　トマトケチャップ大さじ2　固形スープ〈チキン〉1個　塩小さじ½　あらびき黒こしょう少々）　**B**（塩適量　あらびき黒こしょう少々）　オリーブ油大さじ2

1 なべにオリーブ油を熱し、玉ねぎ、にんにく、にんじん、セロリをしんなりとしてやや色づくまでいため、ひき肉を加えていため合わせる。色が変わって水分がとんだら赤ワインを加えて煮詰め、水分をとばす。
2 **A**を加えて煮立て、ふたをしてときどきまぜながら30〜40分煮、**B**で味をととのえる。

プロセス写真つき作り方はp.31 ➡

あり合わせの材料でできるのに大喜びされる1品
スパゲッティグラタン

これ1品でごはんになるグラタン

材料（4人分）
- ベーコン …… 6枚
- スパゲッティ（サラダ用）…… 100g
- 粒コーン …… 大さじ4
- 小麦粉 …… 大さじ2
- 固形スープ …… 1個
- 牛乳 …… 2カップ
- バター …… 適量
- ピザ用チーズ …… 大さじ8
- パン粉 …… 大さじ2

作り方

準備
1 スパゲッティは半分に折る。なべにたっぷりの湯を沸かし、スパゲッティを袋の表示時間どおりにゆで、ざるに上げる。ベーコンは2cm幅に切る。

2 フライパンを熱してバター大さじ2をとかし、ベーコンをいためる。火が通ったら小麦粉を振ってまぜ、牛乳、砕いた固形スープを加えて煮立てる。とろみがついたら、コーンとスパゲッティを加える。

焼く
3 耐熱容器の内側にバターを薄く塗り、2を入れてチーズを散らし、パン粉を振ってオーブントースターで6〜8分焼く。（森）

Part 1 今も昔も王道グラタン

人気のトマトクリームがパスタにからんで、口いっぱいに広がる
えびとパスタの
トマトクリームグラタン

これ1品で
ごはんになる
グラタン

材料（2人分）
むきえび …… 150g
スパゲッティ
（極細の早ゆでタイプ）…… 25g
玉ねぎのみじん切り …… ¼個分
酒 …… 大さじ½
A | 塩、かたくり粉 …… 各少々
B | トマト缶 …… ½缶（200g）
　 | 水 …… 1カップ
　 | 顆粒スープ …… 小さじ½
　 | 塩 …… 小さじ⅓
生クリーム …… 1カップ
バター …… 大さじ1
ピザ用チーズ …… 適量
パセリのみじん切り …… 適量

作り方

準備

1 えびは背わたがあればとり、**A**をまぶして洗う。スパゲッティはふきんに包み、ねじるようにしてこまかく折る。

2 フライパンにバターを熱し、玉ねぎをしんなりとするまでいため、えびを加えてさっといため合わせる。

3 全体の色が変わったら酒を振り、**B**を加えて弱めの中火で5分ほど煮る。スパゲッティを加えて生クリームを注ぎ、ひと煮立ちさせる。

焼く

4 耐熱容器に**3**を入れてチーズを散らし、180度のオーブンで8〜10分焼き、パセリを振る。（堤）

簡単おいしい POINT

スパゲッティはふきんに包むと折りやすい
スパゲッティは清潔なふきんに包んでひねりながら折り、ふきんを2つに折りたたんでしぼるようにすると、ラクにこまかく折れる。

ソースをたっぷり含んでジュワッと焼き上げ、パンのおいしさが生きる

ほうれんそうのパングラタン

これ1品でごはんになるグラタン

材料（4人分）
食パン（またはバゲット）……適量
ほうれんそう……1束
コーン缶（ホール）……1缶（190g）
玉ねぎの薄切り……½個分
ベーコン……3枚
小麦粉……大さじ2½
固形スープ……1個
塩、こしょう……各少々
牛乳……2カップ
バター……適量
ピザ用チーズ……50g

作り方

準備

1 ほうれんそうは3cm長さに切る。コーンは汁けをきる。ベーコンは6〜7mm幅に切る。パンは一口大に切る。

2 フライパンにバター大さじ2をとかし、玉ねぎをあめ色になるまで弱火でいため、ベーコンとほうれんそうを加えていためる。小麦粉を振り入れて粉っぽさがなくなるまでいため、牛乳を一気に加えてまぜながら煮る。とろみがついたら固形スープを砕いて加え、コーンを加えてひと煮立ちさせ、塩、こしょうで調味する。

焼く

3 耐熱容器の内側にバターを薄く塗り、パンを並べる。2をのせてチーズを散らし、オーブントースターで10分ほど焼く。（瀬尾）

簡単おいしいPOINT

具をいためながらホワイトソースも完成
具をいためたところに小麦粉を振り入れてまぜ、牛乳を加えて煮れば、具入りのホワイトソースが一気に完成！

Part 1 今も昔も王道グラタン

もちとチーズのとろとろ名コンビ＋明太子は相性◎
しそ明太チーズもちグラタン

これ1品でごはんになるグラタン

材料（2人分）
- 切りもち …… 5個
- 青じそ …… 4〜5枚
- A
  - からし明太子 …… 1腹
  - ホワイトソース缶 …… 1缶（285g）
  - 牛乳 …… 1カップ
  - 塩、こしょう …… 各少々
- バター …… 小さじ1
- ピザ用チーズ …… 60g

作り方

準備
1. 明太子は薄皮を除き、残りのAとまぜ合わせる。もちは厚さを4等分に切る。
2. 耐熱容器の内側にバターを薄く塗り、Aの⅓量を入れ、もちの¼量をのせる。これを3回くり返す。

焼く

3. 青じそをちぎって散らし、残りのもちをのせてチーズを散らし、240度のオーブンで20分ほど焼く。（井澤）

もちの切り方アドバイス
切りもちは厚さを半分に切り、さらに半分に切って、¼の厚さにする。

覚えておきたい ソースのきほん

ソース×素材で グラタンバリエが ぐんぐん広がる

作りおきソースがあれば、グラタンはあっという間にでき上がり！グラタンといえばの三大ソースを、いちばんシンプルなレシピでマスターして。グラタン以外の料理にも万能に使えて便利。
(指導／今泉久美)

シンプルなホワイトソース

White

材料（約800g／グラタン4〜5人分）
玉ねぎ……½個（100g）
小麦粉……大さじ5
A ｜ 固形スープ……½個
　｜ 塩、こしょう……各少々
牛乳……4カップ
バター……大さじ4

作り方

1 玉ねぎは縦半分に切り、横に薄切りにする。
2 フライパンにバターをとかし、玉ねぎを入れてしんなりとするまでいためる。小麦粉を振り入れてまぜ、弱めの中火で1分ほどいためて火を止める。
3 牛乳を一気に加えてよくまぜ、再び火にかけてまぜながら煮立てる。
4 弱火にして2分ほど煮詰め、Aでやや薄めに味をつける。
※好みでローリエ小1枚を加えて煮ても。

ソースは保存しておくと、調理がラクラク！

・小分けにし、ファスナーつき保存袋に入れる（冷蔵なら密閉容器でも）。
・冷凍庫に入れるときは、金属製のトレーにのせる。
・必ず解凍（あたためるか自然解凍）してから使う。

保存の目安
冷蔵 ▶ 3〜4日
冷凍 ▶ 2週間

シンプルな
ミートソース

材料（約1kg／グラタン4〜5人分）
合いびき肉（なるべく赤身のもの）……400g
玉ねぎ……1個（200g）
にんにく……小1かけ
にんじん、セロリ（筋をとる）……各50g
赤ワイン……½カップ
A ┃ トマト缶（カット）……1缶（400g）
　┃ ローリエ……1枚
　┃ トマトケチャップ……大さじ2
　┃ 固形スープ（チキン）……1個
　┃ 塩……小さじ½
　┃ あらびき黒こしょう……少々
B ┃ 塩……適量
　┃ あらびき黒こしょう……少々
オリーブ油……大さじ2

作り方

1 玉ねぎ、にんにく、にんじん、セロリはみじん切りにし、オリーブ油を熱したなべでしんなりとしてやや色づくまでいためる。

2 ひき肉を加えていため合わせ、色が変わって水分がとんだら赤ワインを加えて煮詰め、水分をとばす。

3 Aを加えて煮立て、ふたをしてときどきまぜながら30〜40分煮、Bで味をととのえる。

シンプルな
トマトソース

> **Red**

材料（約500g）
玉ねぎのあらいみじん切り……100g
にんにく……1かけ
A ┃ トマト缶（カット）……1缶（400g）
　┃ 水……½カップ
　┃ 固形スープ（チキン）……½個
　┃ 酒……大さじ2
塩……小さじ⅓
オリーブ油……大さじ1½

作り方

1 にんにくはみじん切りにし、オリーブ油とともにフライパンで熱し、玉ねぎを加えてしんなりとするまでいためる。

2 Aを加えて煮立て、弱火にしてときどきまぜながら8分ほど煮る。

3 トマトがとろりとしたら塩で調味する。

COLUMN 1

グラタンの素材組み合わせカタログ

ソースとチーズをのせて焼くだけ！
冷蔵庫の材料で1品が完成します。
いつも同じになりがちな
具の組み合わせの悩みを解決。
ソースとの相性も楽しんで
自由にオリジナルグラタンを。

※肉や野菜の下ごしらえや加熱は
ふだんの調理方法でOK。
※パスタは袋の表示時間どおりに
ゆでる。
（指導／今泉久美）

ウインナソテー
×
ゆでブロッコリー
×
レンジじゃがいも

おすすめソース ▶ ホワイトソース

生鮭ソテー
×
ねぎソテー
×
キャベツソテー

おすすめソース ▶ ホワイトソース

鶏もも肉ソテー
×
マカロニ

おすすめソース ▶ ホワイトソース

カキソテー
×
ほうれんそうソテー

おすすめソース ▶ ホワイトソース

ハム
×
レンジじゃがいも

おすすめソース ▶ ホワイトソース

ベーコンソテー
×
レンジ里いも

おすすめソース ▶ ホワイトソース

蒸しほたて貝柱
×
キャベツソテー

おすすめソース ▶ ホワイトソース

ウインナソテー × スパゲッティ おすすめソース ▶ トマトソース	ツナ缶 × かぶソテー おすすめソース ▶ トマトソース	ミートボール × ゆでいんげん おすすめソース ▶ トマトソース
かじきソテー × レンジきのこ（またはソテー） おすすめソース ▶ トマトソース	ゆで鶏ささ身（またはソテー） × ズッキーニソテー おすすめソース ▶ トマトソース	ゆでブロッコリー × ショートパスタ おすすめソース ▶ ミートソース
なすソテー おすすめソース ▶ ミートソース	にんじんソテー × かぶソテー おすすめソース ▶ ミートソース	ゆで卵 × レンジ里いも おすすめソース ▶ ミートソース

毎日使いのCheeseカタログ

チーズはさまざまな種類が出回っていますが入手しやすいおなじみチーズは万能に使えて"パパッとごはん"のバリエが広がります。性質を知って、調理方法や合わせる材料で使い分けて。

ピザ用チーズ

ピザやグラタンなど家庭での調理に使いやすく作られたチーズ。生乳から作ったナチュラルチーズをとけやすく配合・調整している。

スライスチーズ

プロセスチーズを薄い形状にしたもの。サンドイッチや巻く調理に便利。とけるタイプ、とけにくいタイプなどが出回っている。

プロセスチーズ

ナチュラルチーズを加熱・加工したもの。発酵が止まっているので保存性にすぐれ、クセやくさみは少ない。とけてものびにくく、味はしっかりしている。

クリームチーズ

まろやかでクセがなく、甘くなめらかな口当たり。日本人になじみ深いチーズで、そのまま食べたり、料理、お菓子作りにも使われる。

粉チーズ

乾燥させて粉末にしたチーズ。そのままだとしっとり、焼くとカリッとする。調理のほか、手軽な調味料として食卓に出して使われることも。

カマンベールチーズ

白カビチーズを代表する軟質のチーズ。表面は白カビに覆われ、中はとろりとクリーミー。スーパーなどで円盤形の製品が多く売られている。

Part 2

メニューに悩まない
素材で選ぶ
毎日グラタン

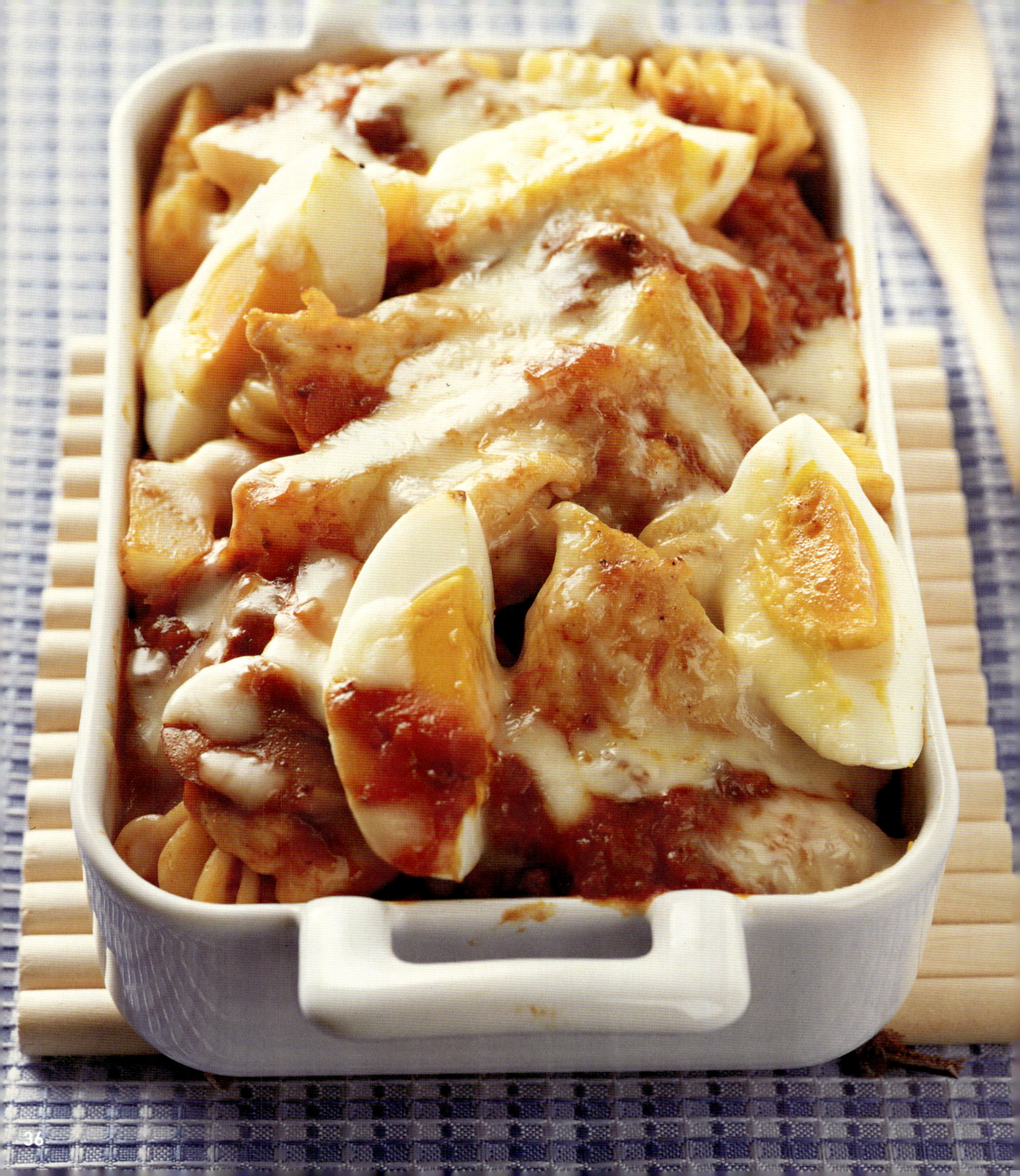

ミートソース缶で
手軽に作れるのがうれしい！

鶏肉のミートソースグラタン

鶏肉×野菜

Part2 素材別グラタン 鶏肉

材料（4人分）
- 鶏胸肉 …… 小½枚（100g）
- じゃがいも …… 2個
- ゆで卵 …… 1個
- ショートパスタ（フジッリなど） …… 100g
- ミートソース缶 …… 1缶（295g）
- 小麦粉 …… 適量
- 塩 …… 適量
- こしょう …… 少々
- 白ワイン …… 大さじ1
- サラダ油 …… 大さじ½
- ピザ用チーズ …… 40～60g

作り方

準備

1 鶏肉は一口大の薄いそぎ切りにし、塩、こしょうを振る。じゃがいもは1cm角の棒状に切る。ゆで卵は殻をむいて縦に6～8等分に切る。

2 じゃがいもとパスタは10分ほど塩ゆでにしてざるに上げる。

3 鶏肉に小麦粉を薄くまぶし、サラダ油を熱したフライパンで両面を焼き、白ワインを振って火を止める。**2**を加え、ミートソースの¾量を加えてまぜ、再び火にかけて軽くあたためる。

焼く

4 耐熱容器に**3**を入れてゆで卵をのせ、残りのミートソースをかけてチーズを散らし、オーブントースターで焼き色がつくまで5～7分焼く。（今泉）

簡単おいしい POINT

市販のミートソース缶をおいしく活用
市販のミートソース缶も、肉汁や調味料を合わせるなど使い方ひとつで、ぐんとおいしいソースに。あつあつグラタンがパパッと完成。

とろ〜りチーズクリームが淡泊な素材にからんで美味

鶏胸肉とカリフラワーの
チーズクリームグラタン

鶏肉×野菜

材料（2人分）
- 鶏胸肉 …… 1枚
- カリフラワー …… 150g
- しめじ …… ½パック
- 玉ねぎ …… ¼個
- 小麦粉 …… 大さじ1½
- 塩、こしょう …… 各少々
- 酒 …… 大さじ1
- A | 塩 …… 小さじ¼
    | こしょう …… 少々
    | ピザ用チーズ …… 40g
- 牛乳 …… 1.5カップ
- バター …… 大さじ1½
- パン粉、粉チーズ …… 各大さじ½

作り方

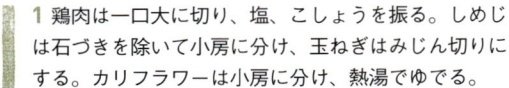

準備
1 鶏肉は一口大に切り、塩、こしょうを振る。しめじは石づきを除いて小房に分け、玉ねぎはみじん切りにする。カリフラワーは小房に分け、熱湯でゆでる。
2 なべにバター大さじ½を熱して鶏肉をいため、酒を振ってふたをする。弱火で7〜8分蒸し、しめじ、カリフラワーを加えて4〜5分蒸す。
3 別のなべに残りのバターを熱し、玉ねぎをしんなりとするまでいため、小麦粉を加えて焦がさないようにいためる。牛乳を加えてまぜ、煮立ったら弱火にしてときどきまぜながら7〜8分煮、**A**を加えてまぜる。

焼く
4 **3**に**2**を加えてまぜ、耐熱容器に入れてパン粉、チーズを振り、200度に熱したオーブンで10分焼く。（堤）

Part 2 素材別グラタン 鶏肉

みそ入りのホワイトソースがごはんと抜群に合う

鶏肉とアスパラガスのみそドリア

材料（2人分）
鶏もも肉 …… ½枚（140g）
グリーンアスパラガス …… 3本
玉ねぎ …… ½個
ごはん …… 300g
小麦粉 …… 大さじ1½
A │ 牛乳 …… 1カップ
　│ みそ …… 小さじ2
塩、こしょう …… 各適量
オリーブ油 …… 大さじ½
ピザ用チーズ …… 20g

作り方

準備
1 アスパラは根元のかたい部分の皮をピーラーでむき、4〜5cm長さの斜め切りにする。耐熱容器に入れてラップをかけ、電子レンジで40秒加熱する。玉ねぎは薄切りにする。鶏肉は小さめの一口大に切り、塩、こしょう各少々を振る。Aはまぜ合わせる。

2 フライパンにオリーブ油を熱し、鶏肉を皮目を下にして並べ入れ、両面を焼く。こんがりと焼き色がついたら、玉ねぎを加えていため、小麦粉を振り入れる。粉っぽさがなくなるまでしっかりといため合わせ、Aを加えてとろみがつくまで軽く煮、アスパラを加え、塩小さじ⅓、こしょう少々で味をととのえる。

焼く
3 耐熱容器にごはんを平らに入れ、2をのせてチーズを散らし、オーブントースターで表面がこんがりとするまで8分を目安に焼く。（市瀬）

鶏肉×野菜

トマト缶とホワイト缶でコクのある満足ソースに

ひき肉のトマトグラタン

ひき肉 × 野菜

材料（4人分）
豚ひき肉 …… 120g
玉ねぎのみじん切り …… ½個分
にんにくのみじん切り …… 1かけ分
ショートパスタ（フジッリなど）…… 200g
トマト缶 …… 1缶（400g）
ホワイトソース缶 …… 1缶（200g）
固形スープ …… 1個
牛乳 …… ½カップ
バター …… 少々
サラダ油 …… 小さじ2
ピザ用チーズ …… ½カップ

作り方

準備

1 フライパンにサラダ油を熱して玉ねぎ、にんにくをいため、香りが出たらひき肉を加えて色が変わるまでいためる。トマト、固形スープ、水1カップを加え、汁けをとばすように煮る。
2 牛乳とホワイトソースはまぜ合わせる。
3 ショートパスタを袋の表示時間どおりにゆで、熱いうちに**1**と合わせる。

焼く

4 耐熱容器の内側にバターを薄く塗って**3**を入れ、**2**をかけてチーズを散らし、オーブントースターで10〜14分焼く。
（森）

簡単おいしい POINT

トマト缶をまるごと使って、コクのあるソースが簡単に　いためたひき肉にトマトを缶汁ごと入れ、固形スープ、水を加えて水分をとばすように煮ると、適度なとろみがついたソースに。

Part 2 素材別グラタン ひき肉

さつまいもの甘みがぐ～んと引き立って、子どもにも大人気
ひき肉とさつまいものグラタン

材料（4人分）
合いびき肉 …… 200g
さつまいも …… 300g
玉ねぎのあらいみじん切り …… ½個分
ホワイトソース缶 …… 1缶
ナツメグ、塩、こしょう …… 各少々
固形スープ …… ½個
牛乳 …… ¼カップ
バター …… 少々
サラダ油 …… 大さじ1
ピザ用チーズ …… 50g

作り方

【準備】
1 なべにホワイトソースと牛乳を入れて弱火であたため、固形スープを砕いて加え、調味する。
2 さつまいもは皮つきのまま洗ってラップに包み、電子レンジで5～6分加熱し、7～8mm厚さの輪切りにする。
3 フライパンにサラダ油を熱してひき肉を強火でいため、色が変わったら玉ねぎを加えていため、ナツメグ、塩、こしょうで調味する。

【焼く】
4 耐熱容器の内側にバターを薄く塗り、さつまいもと3を交互にはさんで並べ、1をかけてチーズを散らし、200度のオーブンで12分ほど焼く。（検見﨑）

ひき肉×野菜

ソースの下のきのこクリームごはんがおいしさの秘密

きのこのドリア

ひき肉×野菜

材料（2人分）

- 合いびき肉 …… 100g
- しめじ、エリンギ、まいたけ …… 各50g
- 玉ねぎ …… ½個
- あたたかいごはん …… 200g
- トマト缶 …… ½缶
- 塩、こしょう …… 各少々
- A
  - 塩 …… 小さじ⅓
  - こしょう …… 少々
  - 固形スープ …… ½個
  - ローリエ …… 1枚
- 生クリーム …… ½カップ
- バター …… 適量
- サラダ油 …… 小さじ1
- ピザ用チーズ …… 50g

作り方

準備

1 玉ねぎは縦に薄切りにする。きのこは石づきを除き、しめじは2〜3本ずつに分け、まいたけは食べやすくほぐし、エリンギは縦に3mm幅に切る。

2 フライパンにバター10gをとかし、玉ねぎの半量ときのこを入れていためる。しんなりとしたら塩、こしょうを振り、ごはんを加えてほぐしまぜ、生クリームを回しかける。よくまざったら、内側にバターを薄く塗った耐熱容器に入れる。

3 フライパンにサラダ油を熱して残りの玉ねぎをいため、しんなりとしたらひき肉を加えてほぐしながらいためる。肉に火が通ったら、トマトをつぶして缶汁ごと加え、Aを加えてまぜながら汁けがなくなるまで煮る。

焼く

4 2に3をのせてチーズを散らし、高温のオーブントースター（または250度のオーブン）で7〜10分焼く。（夏梅）

簡単おいしいPOINT

きのこはごはんにまぜ込んで
きのこはソースではなく、ごはんと合わせて"きのこクリームごはん"を作るのがおいしさのポイント。

Part 2 素材別グラタン ひき肉

とろとろに焼き上げたチーズ&白菜がたまらない
白菜のチーズグラタン

材料（4人分）
合いびき肉 …… 300g
白菜 …… ⅛個（250〜300g）
玉ねぎ …… ½個
にんにく …… 1かけ
小麦粉 …… 大さじ3
塩 …… 小さじ⅔
こしょう …… 少々
生クリーム …… 1カップ
サラダ油 …… 適量
ピザ用チーズ …… 80g

作り方

準備

1 玉ねぎは縦半分に切ってから薄切りに、にんにくはみじん切りにする。白菜は1枚ずつはがし、縦半分に切ってから2cm幅に切る。

2 フライパンにサラダ油大さじ1とにんにくを入れていため、香りが出たら玉ねぎを加えてしんなりとするまでいためる。ひき肉を加えて塩、こしょうで調味し、肉に火が通ったら、小麦粉を振り入れてまぜる。白菜を加えていため、生クリームを加えて煮立ったら火を止める。

焼く

3 耐熱容器の内側にサラダ油を薄く塗り、**2**を入れてチーズを散らし、250度のオーブン（またはオーブントースター）で10分ほど焼く。（夏梅）

絶対失敗しない POINT

白菜は水分が多いのでソースはかために

白菜から水分が出るので、グラタンのソースはかためにする。ひき肉をいためるときに小麦粉を振りまぜるだけで、適度な仕上がりに。

ひき肉×野菜

準備は火いらず！スパイシーな下味をしっかりもみ込んで

豚肉とじゃがいもの重ねグラタン

材料（4人分）
豚もも薄切り肉……300g
じゃがいも（メークイン）……4個
にんにく……1かけ
塩、こしょう……各少々
A｜カレー粉……小さじ2
　｜トマトケチャップ……大さじ4
　｜にんにくのみじん切り……1かけ分
　｜オリーブ油……大さじ1
オリーブ油……適量
ピザ用チーズ……40g

作り方

準備
1 じゃがいもは3mm厚さの輪切りにし、水に3分ほどさらし、水けをきる。
2 豚肉は5cm幅に切り、塩、こしょうを振る。ボウルにAを入れてまぜ、豚肉を加えてもみ込む。

焼く
3 耐熱容器の内側ににんにくの切り口をこすりつけて香りを移し、オリーブ油を塗る。1、2を順に重ね入れ、チーズを散らし、170度のオーブンで25分焼く。（藤野）

簡単おいしいPOINT

準備はソース作りも加熱も不要！ボウルでもみ込むだけ
ボウルひとつで豚肉にしっかりと下味をもみ込んでおけば、これがソースのかわりになり、じゃがいもにからんでおいしく食べられる。

豚肉×野菜

Part 2 素材別グラタン 豚肉

卵＋マヨネーズのコク満点ソースをかければ、おなかも大満足

豚こまとほうれんそうの マヨたまグラタン

材料（4人分）
豚こまぎれ肉 …… 200g
ほうれんそう …… 1束（300g）
玉ねぎ …… 大1個（200g）
卵 …… 3個
塩、こしょう、ナツメグ …… 各少々
マヨネーズ …… ¾カップ
サラダ油 …… 大さじ1

豚肉×野菜

作り方

準備
1 ほうれんそうはゆで、水けをしぼって3cm長さに切る。玉ねぎは薄切りにする。
2 フライパンにサラダ油を熱して豚肉をいため、色が変わったら玉ねぎ、ほうれんそうを順に加えていため合わせる。玉ねぎがしんなりとしたら、塩、こしょう、ナツメグで調味する。

焼く
3 ボウルに卵を割りほぐし、マヨネーズを加えてまぜ、2を加えて軽くまぜる。耐熱容器に入れ、200度に予熱したオーブンで15〜20分焼く。（検見崎）

王道人気のケチャップライスをマヨ&チーズでこんがりと焼いて
えびのケチャップドリア

材料（2人分）
むきえび …… 120g
玉ねぎ …… ½個
ごはん …… 300g
かたくり粉 …… 大さじ½
A｜トマトケチャップ …… 大さじ2½
　｜酒 …… 大さじ1
塩、こしょう …… 各少々
バター …… 大さじ1
マヨネーズ …… 大さじ1
ピザ用チーズ …… 30g

作り方

準備
1 えびは背わたをとり、かたくり粉をまぶして軽くもみ、さっと洗い、水けをふく。玉ねぎはみじん切りにする。
2 フライパンにバターをとかし、玉ねぎ、えびを順に入れていためる。えびの色が変わったらAを加えて手早くまぜ、ごはんを加えてほぐしながらいため合わせる。塩、こしょうで味をととのえ、耐熱容器に入れる。

焼く
3 マヨネーズを細くしぼりかけ、チーズを散らす。オーブントースター（または230度のオーブン）で焼き色がつくまで6分ほど焼く。（今泉）

魚介×野菜

Part 2 素材別グラタン 魚介

味とボリュームも◎。ホワイトソースいらずの簡単グラタン

鮭とほうれんそう、エリンギのマヨグラタン

材料（4人分）
甘塩鮭 …… 4切れ
ほうれんそう …… 1束
エリンギ …… 1パック
マヨネーズ …… 大さじ6
塩、こしょう …… 各適量
牛乳 …… 大さじ2
バター …… 大さじ1

作り方

準備
1 ほうれんそうはざく切りにする。フライパンにバターを熱し、ほうれんそうを強火でさっといため、塩、こしょうを振って耐熱容器に入れる。
2 エリンギは手で裂き、長さを半分に切る。
3 マヨネーズと牛乳をまぜ合わせる。

焼く
4 1に鮭、2をのせ、3をかける。予熱した200度のオーブンで15〜18分焼く。（平野）

簡単おいしい POINT

ほうれんそうは下ゆでなしでOK
ほうれんそうはバターで軸からいためる。バターの油でいためるので、下ゆでなどでアク抜きしなくてもOK。

魚介×野菜

パセリの香りが広がるグリーンソースをたっぷりかけて

塩だらとじゃがいものグリーングラタン

魚介×野菜

絶対失敗しない POINT

市販のソースが香り高いグリーンソースに
市販のホワイトソース缶にみじん切りのパセリを加え、ゴムべらでよくまぜます。味と香りの決め手なので、たっぷりと使って。

材料（2人分）
- 塩だら……2切れ
- じゃがいも……1個
- パセリのみじん切り……大さじ6
- 玉ねぎ……¼個
- ホワイトソース缶……200g
- 白ワイン……大さじ2
- こしょう……適量
- ピザ用チーズ、パン粉、バター……各適量

作り方

準備

1 たらは4等分に切る。じゃがいもは8等分のくし形に切る。玉ねぎは薄切りにする。

2 耐熱容器にたらとじゃがいも、玉ねぎを交互に並べて白ワインとこしょうを振り、ラップをかけて電子レンジ（600W）で5〜6分加熱する。

3 ボウルにホワイトソースを入れ、パセリを加えてよくまぜる。

焼く

4 耐熱容器に**2**を入れて**3**をかけ、チーズ、パン粉、バターを散らし、オーブントースターでこんがりと焼き色がつくまで8分ほど焼く。（堤）

Part 2 素材別グラタン 魚介

まぜるだけのソース&オーブントースターで簡単&豪華に
ほたてとブロッコリーのマヨグラタン

材料（2人分）
- ほたて貝柱 …… 6個
- ブロッコリー …… 1個
- マヨネーズ …… 大さじ5
- 塩、こしょう …… 各適量
- 牛乳 …… 大さじ2
- ピザ用チーズ …… 50g
- あらびき黒こしょう …… 少々

作り方

準備
1 ブロッコリーは小房に分け、大きいものは縦半分に切る。ほたては半分に切り、塩、こしょう各少々を振る。
2 なべにたっぷりの湯を沸かして塩少々を加え、ブロッコリーを入れて1分ほどゆで、ざるに上げて湯をきる。
3 ボウルにマヨネーズを入れ、牛乳を加えてときのばし、塩、こしょう各少々を振ってソースを作る。

焼く
4 ほたて、ブロッコリーに**3**をからめ、耐熱容器に入れる。チーズを散らし、オーブントースターで15分ほど焼き、黒こしょうを振る。（大庭）

魚介×野菜

スライス大根のシャキッとした食感が残るくらいがおいしい

ハムと大根の簡単グラタン

材料（2人分）
ロースハム ……　4枚（60g）
大根 ……　¼本（300g）
マヨネーズ ……　大さじ2
塩 ……　小さじ¼
こしょう ……　少々
ピザ用チーズ（細切りタイプ）……　60g

作り方

準備
1 大根はスライサーでせん切りにする。ハムは半分に切り、端から3mm幅に切る。
2 ボウルに1を入れてマヨネーズ、塩、こしょう、チーズの半量を加えてまぜる。

焼く
3 耐熱容器に2を入れ、残りのチーズを散らし、230度のオーブンで10分ほど焼く。（大庭）

簡単おいしいPOINT

ボウルで具をまぜるだけでOK
スライス大根、ハム、調味料、チーズをざっとまぜて焼くだけ。チーズの半量を具にまぜ込むのがポイント。

加工品×野菜

Part 2 素材別グラタン 加工品

コーンクリームソースをチンゲンサイにたっぷりからめて

チンゲンサイとハムの
コーンクリームグラタン

材料（2人分）
ハム …… 4枚
チンゲンサイ …… 2株
コーンクリーム缶 …… 小1缶（190g）
しょうがのしぼり汁 …… 小さじ1
塩 …… 小さじ¼
酒 …… 大さじ½
牛乳 …… ¼カップ
ごま油 …… 小さじ2
ねぎのあらいみじん切り …… 適量

作り方

準備
1 チンゲンサイは縦6等分に切る。ハムはみじん切りにする。
2 フライパンにごま油を強火で熱し、チンゲンサイをいためて塩を振る。しんなりとして少し焼き色がついたら酒を振り、耐熱容器に並べる。
3 ボウルにコーンクリームを入れ、ハム、しょうがのしぼり汁、牛乳を加えてよくときのばす。

焼く
4 2に3をかけ、200度のオーブンで15分ほど焼き、ねぎを散らす。(堤)

加工品×野菜

とうふのカレークリームグラタン

失敗なしの、お手軽"レンジホワイトソース"に注目！

とうふ×野菜

材料 （4人分）

- 木綿どうふ …… 1丁（400g）
- 玉ねぎ …… 1個
- さやいんげん …… 70g
- ベーコン …… 4枚
- 牛乳 …… 2.5カップ
- バター …… 20g
- **A**
  - 小麦粉 …… 大さじ4
  - カレー粉 …… 小さじ1
  - 塩 …… 小さじ½
- **B**
  - こぶ茶 …… 小さじ½
  - しょうゆ …… 大さじ1
- サラダ油 …… 適量
- ピザ用チーズ …… 80g

作り方

準備

1. とうふは電子レンジで2分加熱し、重しがわりに皿をのせ、15分おいて水きりし、8等分に切る。玉ねぎは薄切りに、ベーコンは2㎝幅に切り、いんげんは筋を除いて長さを半分に切る。
2. 耐熱ボウルに**A**を入れ、牛乳を少しずつ加えて泡立て器でまぜる。ラップをかけて電子レンジで4分加熱し、バターを加えてまぜ、再び2分加熱してよくまぜる。
3. フライパンにサラダ油少々を熱し、とうふの両面を強めの中火で焼き、**B**を振って焼き、とり出す。フライパンをふいてサラダ油少々を足し、玉ねぎ、ベーコン、いんげんをしんなりとするまでいため、**2**に加えまぜてソースを作る。

焼く

4. 耐熱容器にソース、とうふ、ソースを順に重ね、チーズを散らし、220度に熱したオーブンで10〜15分焼く。（枝元）

絶対失敗しない POINT

ホワイトソースは電子レンジで
バター以外の材料をボウルに入れて加熱。バターは先に入れると分離するので、最後に加える。カレー粉なしならふつうのホワイトソースに。

Part 2 素材別グラタン とうふ

新定番のとうふグラタンは、ソースや具の相性バリエが豊富
とうふのミートソースグラタン

材料（2人分）
- 木綿どうふ……1丁（300g）
- エリンギ……1本
- ミートソース缶……1缶（295g）
- ピザ用チーズ……30g
- パセリのみじん切り……少々

作り方

準備
1. とうふは16等分に切り、たっぷりの水に入れて火にかけ、沸騰するまでゆで、ざるに上げて水をよくきる。エリンギは縦に薄切りにする。

焼く

2. 耐熱容器にとうふを並べてミートソースをかけ、エリンギをのせてチーズを散らす。オーブントースターでこんがりとするまで5分ほど焼き、パセリを振る。（相田）

Arrange

みそとのりの和風味がマッチ
とうふのホワイトソースグラタン

材料（2人分）と作り方

1. 木綿どうふ1丁（300g）は16等分に切り、左記1と同様にゆでる。
2. ホワイトソース缶1缶（295g）にみそ大さじ1を加えてまぜる。
3. 耐熱容器にとうふを並べて2をかけ、ピザ用チーズ30gを散らし、焼きのり（全形）1枚をちぎってのせる。オーブントースターでこんがりとするまで5〜6分焼く。

とうふ×野菜

マッシュルームとベーコンの卵チーズグラタン

ボウルひとつでまぜるだけ！卵入りソースが絶品

卵×野菜

材料（2人分）

- ゆで卵（かため） …… 1個
- マッシュルーム …… 12個
- ベーコン …… 2枚
- 玉ねぎ …… ½個
- 酒 …… 大さじ1
- 塩、あらびき黒こしょう …… 各適量
- **A**
  - 卵 …… 1個
  - 牛乳 …… 大さじ2
  - 生クリーム …… ½カップ
  - 粉チーズ …… 20g
  - 塩、あらびき黒こしょう …… 各少々
- サラダ油 …… 大さじ1
- バター …… 10g
- パセリ …… 適量

作り方

準備

1. マッシュルームはあれば石づきを除き、5mm厚さに切る。玉ねぎは薄切りにする。ベーコンは1cm幅に切る。ゆで卵は7～8mm厚さの輪切りにする。ボウルに**A**を入れてまぜる。
2. フライパンにサラダ油を熱して玉ねぎをいため、しんなりとしたらバター、マッシュルーム、ベーコンを加えていため、酒、塩、黒こしょうを振ってまぜる。

焼く

3. 耐熱容器に**A**を入れ、**2**を加えてゆで卵を並べ、オーブントースターで15～20分焼く（途中で焦げそうならアルミホイルをかぶせる）。中央に竹ぐしを刺して何もついてこなければ焼き上がり。パセリのみじん切りを振る。（コウ）

簡単おいしいPOINT

まぜるだけソースと具を入れて焼くだけ
ソースはボウルひとつでまぜれば完成。器にソースを流し入れ、次に具をのせる。具が偏らないように注意。

Part 2 素材別グラタン 卵

とろとろのソースが白菜のやわらかさにぴったり

ゆで卵と白菜の
クリームグラタン

材料（4人分）
- 卵 …… 4個
- 白菜 …… ⅛個
- 小麦粉 …… 大さじ2
- 塩 …… 小さじ1
- 牛乳 …… 2カップ
- バター …… 適量
- ピザ用チーズ …… 40g
- マヨネーズ …… 大さじ1

作り方

準備

1 白菜は1枚ずつはがして熱湯でさっとゆで、ざるに上げて冷まし、3cm幅に切る。卵は水から入れてゆで始め、沸騰してから11分ゆでる。殻をむき、5mm厚さの輪切りにする。

2 なべにバター大さじ3を弱火でとかし、小麦粉を入れてまぜながらいためる。牛乳を少しずつ加えてまぜながらゆっくりとあたため、とろみがついたら塩を加えて火を止める。

焼く

3 耐熱容器の内側にバターを薄く塗り、**2**、白菜、ゆで卵を順に2回重ねる。チーズ、マヨネーズ、バター小さじ1を散らし、220度のオーブンで20～25分焼く。（藤野）

絶対失敗しない POINT

ソースを間にはさんで全体に行き渡らせる

ソース、白菜、ゆで卵を順に2回重ね、最後にソースをかける。間にソースをはさむことで、全体に行き渡る。

卵×野菜

大満足の香ばしマヨ卵ドリア。まぜながらフーフーどうぞ
卵ソースのきのこドリア

卵×野菜

材料（4人分）
- ゆで卵 …… 4個
- 玉ねぎ …… 100g
- にんじん …… 50g
- しめじ …… 1パック
- ごはん …… 400g
- A｜マヨネーズ …… 大さじ8
  塩、こしょう、ナツメグ …… 各少々
- 塩、こしょう …… 各少々
- バター …… 少々
- サラダ油 …… 大さじ1
- 粉チーズ …… 大さじ2

作り方

準備
1. ゆで卵はつぶし、**A**を加えてまぜる。
2. 玉ねぎ、にんじんはみじん切りにし、しめじは石づきを除いてほぐす。
3. フライパンにサラダ油を熱して**2**をいため、塩、こしょうを振り、ごはんを加えていため合わせる。

焼く
4. 耐熱容器の内側にバターを薄く塗って**3**を入れ、**1**をのせて粉チーズを振る。200度のオーブンでこんがりと焼き色がつくまで12〜13分焼く。（検見﨑）

濃厚なチーズとソースに野菜がたっぷり

白菜のデミソースグラタン

材料（2人分）
白菜 …… 1/4個
玉ねぎ …… 1/4個
しめじ
　…… 1/4パック（25g）
デミグラスソース缶
　…… 100g
酒 …… 大さじ1
赤ワイン …… 1/4カップ
塩 …… 小さじ1/3
こしょう …… 適量
バター …… 大さじ1 1/3
ピザ用チーズ …… 適量

作り方

【準備】
1 白菜は縦半分に切る。フライパンにバター大さじ1を熱し、白菜を強火で焼きつけて塩、こしょうを振る。焼き色がついたらもう片面も焼きつけ、酒を振ってしんが少ししんなりとするまで中火で焼く。
2 玉ねぎは薄切りにする。しめじは石づきを除いて長さを半分に切り、ほぐす。
3 フライパンをふいて残りのバターを熱し、2をいためて赤ワインを振り、デミグラスソースを加えてひと煮立ちさせる。

【焼く】
4 耐熱容器に1を入れて3をかけ、チーズを散らし、180度のオーブンで15分ほど焼く。（堤）

Part 2　素材別レシピ　野菜だけ

フワフワ軽い長いもソースをチーズがわりに

長いもおろしのグラタン風

材料（4人分）
長いも
（またはやまといも）
　…… 400g
青ねぎ …… 2本
削り節 …… 5g
焼きのり …… 1枚
サラダ油 …… 少々
ポン酢しょうゆ
　…… 大さじ2

作り方

【準備】
1 青ねぎは薄い小口切りに、のりは細切りにする。
2 耐熱容器の内側にサラダ油を薄く塗り、長いもをおろし入れる。

【焼く】
3 2をオーブントースターで7～8分焼き、焼き色をつける。削り節、青ねぎ、のりをのせ、ポン酢をかけて食べる。

野菜×野菜

前日のおかずが生まれ変わる
2日目はグラタン!

残ったおかずが、できたてあつあつのグラタンに！
チーズの魔法で生まれ変わります。
多めに作ってもよし、冷凍にしたおかずでもよし、
これで、いざというときに困りません。

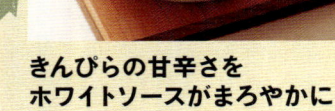

翌日アレンジ

きんぴらの甘辛さを
ホワイトソースがまろやかに
きんぴらと鶏肉のドリア

材料（2人分）
きんぴらごぼう80g　鶏もも肉½枚　ごはん茶わん2杯分　A（ホワイトソース缶½缶　水大さじ3）　塩、こしょう各少々　サラダ油小さじ½

作り方
1 鶏肉は一口大に切り、塩、こしょうをもみ込む。きんぴらは長い場合は食べやすく切る。
2 フライパンにサラダ油を熱して鶏肉を3～4分いため、火が通ったらきんぴらを加えてひとまぜする。
3 耐熱容器にごはんを敷いて2をのせ、まぜ合わせたAをかけ、予熱したオーブントースターで4～5分焼く。
（重信）

翌日アレンジ

味決めバッチリ!
ドリアの世界が広がる
ひじき煮入り和風ドリア

材料（4人分）
A（ひじき煮200g　バター大さじ2　こしょう少々）　あたたかいごはん800g
B（マヨネーズ大さじ7　みそ大さじ1　牛乳½カップ）　ピザ用チーズ60g

作り方
1 ごはんとAをまぜて耐熱容器に入れる。
2 まぜ合わせたBをかけてチーズを散らし、230度のオーブンで10分ほど焼く。
（岩﨑）

みそマヨネーズをかけて
焼くだけで和風グラタンに
ひじき煮ととうふのマヨみそグラタン

材料（4人分）
ひじき煮150g　木綿どうふ2丁　A（マヨネーズ大さじ6　みそ大さじ½）　塩、こしょう各少々　粉チーズ大さじ1

作り方
1 とうふはペーパータオルに包み、重しをして水きりし、大きめの角切りにして塩、こしょうを振る。
2 耐熱容器にとうふ、ひじき煮を入れ、まぜ合わせたAをかけて粉チーズを振り、オーブントースター（または200度のオーブン）で7～8分焼く。（岩﨑）

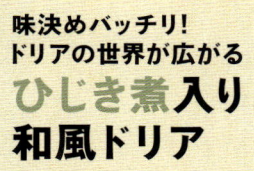

翌日アレンジ

翌日アレンジ

冷凍したロールキャベツでもできたての味に

ロールキャベツのグラタン

材料（2人分）
ロールキャベツ4個　トマト1個　ピザ用チーズ60g

作り方
1. ロールキャベツは煮汁ごと耐熱容器に入れる。
2. トマトはへたをとり、横半分に切って種を除き、1cm角に切って**1**に散らす。
3. チーズを散らし、ラップをかけて電子レンジで3〜4分加熱し、200度のオーブンで15〜20分焼く。（大庭）

ソース役にカレーはまちがいなし。好みの具を足しても

焼きカレー

材料（4人分）
カレー2カップ　ウインナソーセージ8本　あたたかいごはん適量　ピザ用チーズ60g　卵4個

作り方
1. ソーセージは斜め薄切りにする。
2. 耐熱容器にごはんを敷き、ソーセージ、カレー、チーズを順にのせ、中央を少しくぼませて卵を割り入れる。
3. 熱したオーブントースターで卵が少し固まるまで4〜5分焼く。（重信）

隠し味のしょうゆで和風のアクセント

ラタトゥイユと厚揚げのグラタン

材料（2人分）
ラタトゥイユ1カップ（約180g）　厚揚げ1枚　しょうゆ小さじ1　オリーブ油小さじ1　ピザ用チーズ40g

作り方
1. 厚揚げはペーパータオルにはさんで余分な油を吸いとり、一口大にちぎる。
2. フライパンにオリーブ油を熱して厚揚げを2分ほどいため、ラタトゥイユを加えて軽く煮る。汁けがなくなったらしょうゆを加えてひとまぜし、耐熱容器に入れる。
3. チーズを散らし、焼き色がつくまでオーブントースターで2〜3分焼く。（重信）

麻婆どうふを多めに作ってもう1品！

麻婆グラタン

材料（4人分）
麻婆どうふ500g　マカロニ100g　トマトケチャップ大さじ6　塩適量　こしょう少々　パン粉、バター各少々　ピザ用チーズ80g

作り方
1. なべにたっぷりの湯を沸かし、塩とマカロニを入れ、袋の表示時間どおりにゆでる。
2. フライパンに麻婆どうふを熱し、とうふを木べらなどでこまかくくずす。ケチャップ、**1**を加えてさっとまぜ、塩、こしょうで味をととのえる。
3. 耐熱容器に**2**を入れ、チーズを散らしてパン粉を振り、バターを小さくちぎって散らし、あたためたオーブントースターで焼き色がつくまで5〜6分焼く。あればパセリのみじん切りを散らす。（吉田）

翌日アレンジ

翌日アレンジ

翌日アレンジ

COLUMN 2

グラタンの日の献立はこれ!
+1品サラダ

グラタンの日はほかに何を作ればいい?
1品がボリューミーなグラタンは、何を組み合わせようか悩むもの。そんなときは、栄養満点で食べごたえのあるデリ風サラダをチョイスしてみては。

洋食献立が決まる!
大人気のボリュームサラダ
シーザーサラダ

材料（2人分）
ベーコン……2枚
レタス……½個
バゲット……10cm
にんにく……少々
アンチョビー（フィレ）……1枚

A｜レモン汁……½個分
　｜マヨネーズ……大さじ1
　｜オリーブ油……大さじ1
　｜塩、こしょう……各少々

粉チーズ……大さじ2〜3
温泉卵……1個

作り方

1 レタスは1枚ずつはがし、氷水につけてシャキッとさせ、きれいなふきんで水けをしっかりふきとり、食べやすい大きさにちぎる。バゲットは5mm厚さに切り、オーブントースターで薄く焼き色がつく程度に焼き、にんにくの切り口をこすりつける。

2 ベーコンは2cm幅に切ってフライパンに入れ、脂がしっかり出てくるまで焼く。ペーパータオルの上にとり出し、カリッとさせる。

3 アンチョビーは包丁でたたいて形をなくす。ボウルに**A**とともに入れ、よくまぜてドレッシングを作る。

4 器にレタス、バゲットを順に盛り、ベーコンを散らし、中央に温泉卵をのせる。あればイタリアンパセリをちぎって散らし、**3**をかけて粉チーズを振る。（夏梅）

いつものポテサラをひと工夫して
デリ風タラモサラダに

明太ポテトサラダ

材料（2人分）
じゃがいも …… 3個
からし明太子
　…… 1腹（70g）
きゅうり …… 1本
A ┃ にんにくのすりおろし
　┃ 　…… 小さじ¼
　┃ こしょう …… 少々
白ワイン …… 大さじ1
塩 …… 適量
マヨネーズ …… 大さじ3
レモン汁 …… 大さじ1

作り方
1 じゃがいもは一口大に切って水に7〜8分さらし、水から入れてゆでる。やわらかくなったら湯をきり、再び火にかけてなべを揺すりながら水分をとばし、粉ふきにする。熱いうちにAを加えてまぜ、冷ます。
2 明太子は薄皮を除き、白ワインを加えてまぜる。きゅうりは皮を縞目にむいて4〜5mm厚さの小口切りにし、塩水につけ、しんなりとしたら水けをしぼる。
3 1に2、マヨネーズ、レモン汁を加えてあえる。（検見﨑）

半熟卵＋アボカドがまったり濃厚な
満足度大の簡単サラダ

半熟卵とアボカドのサラダ

材料（2人分）
卵 …… 2個
アボカド …… 1個
クレソン …… ¼束
レモン汁 …… 少々
A ┃ マヨネーズ
　┃ 　…… 大さじ2
　┃ しょうゆ
　┃ 　…… 小さじ1
　┃ 牛乳 …… 大さじ2

作り方
1 卵はなべに入れてかぶるくらいの水を注ぎ、沸騰後6〜7分ゆでて半熟にする。殻をむき、食べやすい大きさに切る。
2 アボカドは包丁で縦にぐるりと切り目を入れて半割りにし、種と皮を除いて2cm角くらいに切り、レモン汁を振る。クレソンは葉先をつみとる。
3 器に1、2を盛り、まぜ合わせたAをかける。（田口）

レンジで完成！ほっくりかぼちゃを まろやかソースで包んで

かぼちゃのマヨーグルサラダ

材料（4人分）
かぼちゃ……¼個（250g）
レーズン……大さじ2
A ┃ 玉ねぎのすりおろし
　┃　……小さじ1
　┃ マヨネーズ……大さじ1
　┃ プレーンヨーグルト
　┃　……大さじ2
　┃ 塩、砂糖、こしょう
　┃　……各少々

作り方
1 かぼちゃは種とわたをスプーンでかきとり、耐熱皿にのせて軽くラップをかけ、電子レンジ（600W）で6〜7分加熱する。あら熱がとれたら一口大に切る。レーズンはさっと洗い、水けをきる。
2 ボウルにAを入れ、1を加えてさっくりとあえる。（舘野）

アンチョビーがきいた、具だくさんの彩りサラダ

ニース風サラダ

材料（2人分）
じゃがいも（メークイン）
　……2個
えび……100g
卵……1個
ツナ缶……小½缶（50g）
アンチョビー（フィレ）
　……2枚
さやいんげん
　……5〜6本（30g）
クレソン……2本
トマト……1個
ブラックオリーブ（種抜き）
　……4〜5個
レモンの皮
（よく洗ったもの）……適量
酢……少々
塩……少々
A ┃ レモン汁……½個分
　┃ 塩……小さじ½
　┃ こしょう……少々
　┃ オリーブ油……大さじ2

作り方
1 じゃがいもは1cm厚さの輪切りにし、さっと洗う。なべにかぶるくらいの水とともに入れてゆで、煮立ったら弱火にして5分ほどゆで、湯をきる。
2 えびは殻の間に竹ぐしを入れて背わたを除く。なべに湯を沸かしてレモンの皮を入れ、えびをゆでる。色が鮮やかになったらさらに1分ゆで、冷めたら殻をむく。
3 なべに卵を入れ、かぶるくらいの水、酢を加えて熱し、沸騰したら弱火にして8分ゆで、殻をむいて薄い輪切りにする。いんげんはへたを落として4cm長さに切り、塩を加えた熱湯で3分ほどゆでる。
4 クレソンは葉をつみ、茎は小口切りにする。トマトはへたを除いて一口大に切る。オリーブは薄切りにする。ツナは缶汁をきり、アンチョビーは小さくちぎる。
5 器に1〜4を盛り合わせ、まぜ合わせたAをかける。（夏梅）

Part 3

おもてなしに最適!
こんがり焼いた
ごちそうの1品

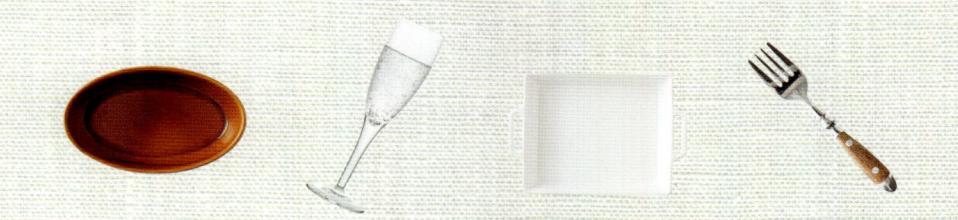

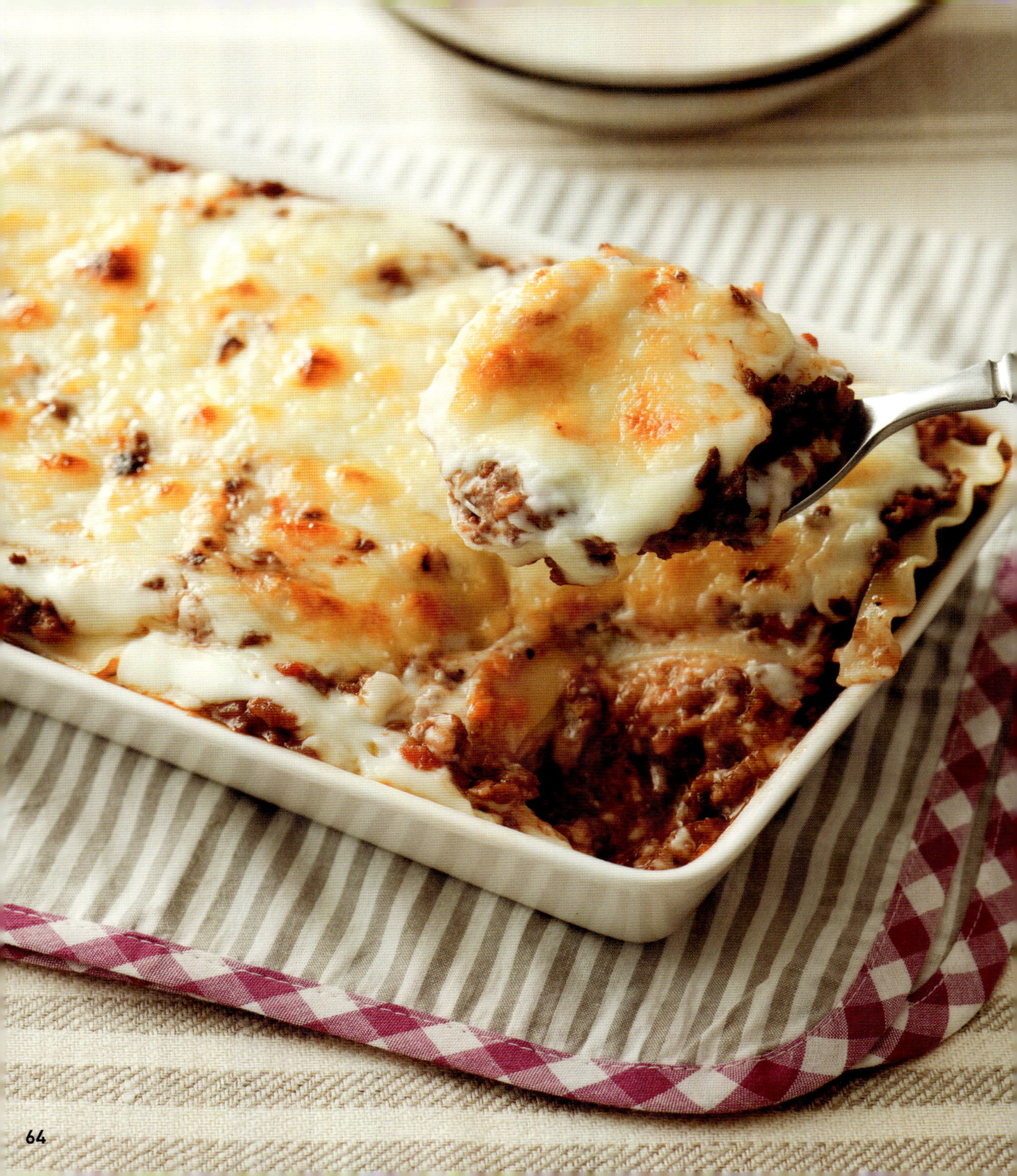

覚えたい！Wソースの
シンプル＆リッチな本格レシピ

ラザニア

材料（2人分）
ラザニア用パスタ …… 4枚
ミートソース、ホワイトソース（下記参照）…… 各2人分
塩 …… 大さじ1強
ピザ用チーズ …… 40g

作り方

準備

1 なべに湯2ℓを沸騰させて塩を加え、ラザニア用パスタを好みのかたさにゆでる。ゆで上がったら水にとり、ふきん（またはペーパータオル）にはさんで軽く水けをきる。

焼く

2 耐熱容器にミートソースの⅓量を敷き、パスタの¼量、ホワイトソースの⅓量、パスタの¼量、ミートソースの⅓量を順に重ねることを2回くり返す。残りのホワイトソースをかけてチーズを散らし、オーブントースターで焼き色がつくまで14～15分焼く。（田口）

即席でラザニアならこれ！
ギョーザの皮で新食感メニュー

ギョーザの皮の
ラザニア

即席アイデア

材料（20×10cmの耐熱容器1皿分）
ギョーザの皮6枚　ホワイトソース缶、ミートソース缶各1缶　スライスチーズ4枚　パン粉少々　パセリのみじん切り少々

作り方
1 耐熱容器にギョーザの皮、ホワイトソース、ミートソースを順に数回重ね、最後にギョーザの皮を重ならないように並べる。
2 チーズをのせてパン粉を振り、オーブントースターで20分ほど焼いてパセリのみじん切りを振る。

ソースは好みのものでも作れるが
ラザニアにぴったりのおすすめのソースはこちら

ミートソース＆ホワイトソースの作り方

ミートソース
材料（2人分）
合いびき肉150g　ベーコンのみじん切り½枚分　**A**（玉ねぎ、にんじん、セロリのみじん切り各15g　にんにくのみじん切り½かけ分）　トマトペースト大さじ½　トマト缶（ホール）¼缶（100g）　赤ワイン¼カップ　スープ1カップ　ローリエ½枚　塩、こしょう、砂糖各少々　オリーブ油大さじ1弱

作り方
1 なべにオリーブ油とベーコン、Aを入れ、全体がしんなりとするまでよくいため、ひき肉を加えて強火でいためる。肉の色が変わってパラパラになったら赤ワインを加えて煮立て、アルコール分をとばす。
2 トマトペーストを加えて全体にからめるようにいため、火を弱めて木べらでまぜながらじっくりといためる。トマトを缶汁ごと加え、木べらでつぶしながら全体をまぜ合わせ、スープ、ローリエを加えてときどきまぜながら40分ほど煮込み、とろりとしたら塩、こしょう、砂糖で調味する。

ホワイトソース
材料（2人分）
小麦粉30g　牛乳3カップ　塩少々　バター30g

作り方
なべにバターを弱火でとかし、小麦粉を振り入れて焦がさないように弱火で6～8分いためる。牛乳1カップを加え、手早くまぜてなめらかにし、残りの牛乳を2回に分けて加え、塩で味をととのえる。

ラザニア
ラザニアは平たい板状のパスタ。ゆでたものを、器に合わせて切ったり重ねたりして調節する。

Part 3 こんがり焼いたごちそう

たっぷりの野菜と卵、チーズで焼いた、洋風茶わん蒸し
カリフラワーとブロッコリーのフラン

材料（4人分）
カリフラワー …… 1/3個（150g）
ブロッコリー …… 1/2個（150g）
しめじ …… 小1パック（100g）
パプリカ（赤）…… 1/2個（90g）
ウインナソーセージ …… 5〜6本（100g）
卵 …… 3個
塩 …… 適量
こしょう …… 少々
牛乳 …… 1.5カップ
ピザ用チーズ …… 40g

作り方

準備
1 カリフラワー、ブロッコリーは小房に分け、茎は皮を厚めにむいて2cm角に切る。塩少々を加えた熱湯でともにかためにゆで、ざるに上げる。しめじは石づきを除き、小房に分ける。パプリカはへたと種を除き、縦1cm幅に切ってから長さを半分に切る。ソーセージは1cm幅の斜め切りにする。
2 ボウルに卵を割りほぐし、牛乳を少しずつ加えて白身をときほぐすようにまぜ合わせ、塩小さじ2/3、こしょうで調味する。

焼く
3 耐熱容器に**1**を彩りよく並べ、**2**を注いで、チーズを散らし、180度のオーブンで30分（オーブントースターの場合は35分）ほど焼く。途中で焦げ目がついたらアルミホイルをふわりとかぶせる。（大庭）
※オーブントースターが小さい場合は2人分ずつに分け、20分ほどずつ焼く。

チーズ入りの卵液を流して、中はふんわり、外はこんがりと焼く
なすのフラン

材料（4人分）
なす …… 3個
卵 …… 2個
A ┃ 牛乳 …… 140mℓ
　　┃ 塩、こしょう …… 各少々
　　┃ ピザ用チーズ …… 20g
塩、こしょう …… 各少々
バター …… 少々
オリーブ油 …… 大さじ3

作り方

準備
1 なすは皮を縞目にむき、1.5cm厚さの輪切りにする。
2 フライパンにオリーブ油を熱し、なすを切り口を下にして並べ、両面を焼いて塩、こしょうを振り、内側にバターを薄く塗った耐熱容器に並べる。

焼く
3 ボウルに卵を割りほぐし、Aを順に加えてまぜ、2に流し入れる。160度にあたためたオーブンで20分焼く。（藤野）

絶対失敗しない POINT

なめらかな卵液を作ったら、なすを並べた器に静かに注ぐ
卵をときほぐして牛乳、塩、こしょう、チーズを順に加え、なめらかにまぜる。なすが動かないよう静かに器に注ぐと、きれいに焼き上がる。

Part 3 こんがり焼いたごちそう

テーブルが華やかになる、パンで簡単キッシュ！
そら豆とハムのパンキッシュ

材料 (4人分)
そら豆（冷凍でも可）……30粒
ハム……12枚
食パン（サンドイッチ用）……10〜11枚
A　卵……4個
　　牛乳（または豆乳）……1カップ
　　生クリーム……1カップ
　　塩……適量
　　こしょう……少々
バター……80g
クリームチーズ……140g

作り方

準備

1 そら豆は塩ゆでにし（冷凍の場合はさっとゆでる）、薄皮をむく。ハムは半分に切る。クリームチーズは1cm角に切る。バターは電子レンジで加熱し、とかしバターにする。

2 耐熱容器の内側にとかしバター大さじ1⅓を薄く塗り、パン2〜3枚を容器の底に敷き込む。残りのパンを4等分に切り、なるべくすき間ができないように容器の縁に立てかける。残りのとかしバターを底面と縁のパンにしみ込ませる。

3 Aで卵液を作る。ボウルに卵を割りほぐし、牛乳、生クリームを加え、塩少々、こしょうを振ってまぜる。

焼く

4 2にクリームチーズ、そら豆を散らすようにのせ、3の卵液をそっと流し入れ、ハムをバラの花のように丸めて並べ、180度に予熱したオーブンで30分焼く（途中でパンの縁が焦げそうならアルミホイルをかぶせる）。（渡辺麻紀）

焼きたても冷めてもおいしい、おしゃれな1品
お豆たっぷり簡単キッシュ

材料（2人分）
ミックスビーンズ …… 100g
ウインナソーセージ …… 4本
エリンギ …… 2本
卵 …… 2個
A｜牛乳、生クリーム …… 各75mℓ
　｜塩 …… 小さじ⅓
　｜こしょう …… 適量
　｜ピザ用チーズ …… 30g
塩、こしょう …… 各少々
オリーブ油 …… 小さじ2

作り方

準備
1 ミックスビーンズは熱湯にさっと通す。ソーセージは1cm厚さに切る。エリンギは縦半分に切ってから長さを8等分に切る。
2 Aはまぜ合わせる。ボウルに卵を割りほぐし、Aを加えて泡立て器でよくまぜる。
3 フライパンにオリーブ油を熱し、1をいためて塩、こしょうを振り、耐熱容器に入れる。

焼く
4 3に2をかけ、180度のオーブンで20分ほど焼く。（堤）

一口サイズでつい手を伸ばしたくなるミニキッシュ
ギョーザの皮のミニキッシュ

材料（5〜6人分）
ギョーザの皮 …… 7〜8枚
しめじ …… ½パック
ほうれんそう …… 2株
A｜卵 …… 2個
　｜牛乳 …… 大さじ4
　｜粉チーズ …… 大さじ6
　｜塩、こしょう …… 各少々
塩、こしょう、バター …… 各少々
サラダ油 …… 少々

ワンポイント
皮を入れるときは、指先でカップにぴったり沿わせるようにする。

作り方

準備
1 耐熱性のプリンカップの内側にサラダ油を薄く塗り、ギョーザの皮を入れてぴったりくっつけ、オーブントースターで薄く色づくまで5〜6分焼く。
2 しめじは石づきを除いてほぐす。ほうれんそうは2cm長さに切り、耐熱容器にのせてラップをかけ、電子レンジで1分加熱する。あら熱がとれたら水けをしぼり、塩、こしょう、バターを加えてまぜる。

焼く
3 1に2を入れ、まぜ合わせたAを注ぎ、オーブントースターで5〜6分焼く。（藤井）

Part 3 こんがり焼いたごちそう

彩り豊かなスペイン料理をおうちで簡単に
フラメンカエッグ

材料（4人分）
卵 …… 4個
ロースハム …… 4枚
トマト …… 大2個
じゃがいも …… 3個
パプリカ（赤）…… 1個
玉ねぎ …… ¼個
グリーンピース …… 50g
にんにく …… 1かけ
A ｜ 塩 …… 小さじ½
　｜ こしょう …… 少々
　｜ パプリカパウダー …… 小さじ2
オリーブ油 …… 適量

作り方

準備
1 じゃがいもは一口大に切って水にさらし、耐熱ボウルに入れる。グリーンピースを加え、水少々を振って電子レンジで3分ほど加熱する。
2 ハムは4等分に切り、トマトとパプリカは2cm角に切る。玉ねぎとにんにくはみじん切りにする。
3 フライパンにオリーブ油大さじ1を熱し、にんにく、玉ねぎ、パプリカをいためる。しんなりとしたらハム、トマト、じゃがいも、グリーンピースを加えていためる。Aを加えてまぜ、弱火で3分ほどいため煮にする。

焼く
4 耐熱容器の内側にオリーブ油を薄く塗り、**3**を入れ、中央をへこませて卵を割り入れる。180度に予熱したオーブンで好みのかたさになるまで10分〜15分焼く。（栗山）

絶対失敗しない POINT

中央をへこませて卵を割り入れる
卵を割り入れるときは、器に入っている具の中央をへこませると、きれいにのる。卵のかたさはお好みで。

じつは簡単！
子どもも大人も大好きなレストランの味
オニオングラタンスープ

材料（2人分）
玉ねぎ……大2個
バゲットの薄切り
　……2枚
固形スープ……1個
ローリエ……1枚
塩……小さじ¼
こしょう……少々
サラダ油……大さじ1
ピザ用チーズ……40g
パセリのみじん切り
　……少々

作り方

準備
1 玉ねぎは縦半分に切ってから縦に薄切りにする。
2 なべにサラダ油を熱し、玉ねぎを入れて強火でいためる。ときどきまぜながらしんなりとしてきたら中火にし、焦がさないように気をつけて20〜30分いためる。
3 固形スープ、ローリエ、水2カップ、塩、こしょうを加えて、煮立ったら弱火にして5分ほど煮る。

焼く
4 耐熱容器に**3**を入れ、バゲットをのせてチーズを散らし、あたためておいたオーブントースター（または250度のオーブン）で8分ほど焼き、パセリを振る。（夏梅）

甘くジューシーな焼きトマトを
ざっくりくずしながらどうぞ
まるごと焼きトマトの
スープ仕立て

材料（2人分）
トマト……2個
A ┌ 湯……1.5カップ
　│ 顆粒スープ
　│ 　……小さじ1
　└ 塩、こしょう
　　　……各少々
ピザ用チーズ
　……60g
パセリのみじん切り
　……少々

作り方

準備
1 トマトはへたをくりぬき、反対側の先端を少し切って平らにし、へた側を下にして耐熱容器の中央にのせる。

焼く
2 Aをまぜ合わせて**1**に注ぎ、トマトの上にチーズをのせる。250度のオーブンで10分焼き、パセリを振る。（川上）

※オーブンがない場合は、電子レンジでトマト1個につき2〜3分加熱し、オーブントースターでチーズがとけるまで5分ほど焼く。

Part 3　こんがり焼いたごちそう

じっくり焼いてソースのうまみをしみ込ませる
鶏肉のトマトソース焼き

材料（2人分）
鶏もも肉 …… 1枚
玉ねぎ …… 1個
かぼちゃ …… 200g
にんにく …… 1かけ
塩、こしょう …… 各少々
A | トマト缶 …… 2缶（800g）
　| 玉ねぎのみじん切り …… ½個分
　| 白ワイン …… 大さじ4
　| 塩 …… 小さじ1
　| こしょう …… 少々
　| オリーブ油 …… 大さじ1
サラダ油 …… 少々
B | パン粉 …… ¼カップ
　| パセリのみじん切り …… 大さじ1
　| 牛乳 …… 大さじ1

作り方

準備

1 **A**でトマトソースを作る。フライパンにオリーブ油を熱して玉ねぎをいため、水けがとんだら弱火にしてじっくりといため、トマトを手でつぶして加える。白ワイン、水1カップを加えて強火にし、ときどきまぜながら煮る。とろりと煮詰まったら塩、こしょうで調味する。

2 鶏肉は4等分に切り、塩、こしょうを振る。玉ねぎは縦に4等分に切る。かぼちゃは3〜4mm厚さのくし形に切る。にんにくは縦半分に切って包丁の腹でつぶす。**B**はまぜ合わせる。

焼く

3 耐熱容器の内側にサラダ油を薄く塗り、かぼちゃ、玉ねぎ、鶏肉を入れてにんにくをのせ、トマトソースをかけて**B**をのせ、180度に熱したオーブンで焼き色がつくまで40分ほど焼く。（石澤）

グリルで焼くだけで、見ばえのする1品に
ラム肉のパン粉焼き

材料（4人分）
- ラムチョップ……8本
- じゃがいも……3個
- 玉ねぎ……½個
- ミニトマト……8個
- A
  - にんにくの薄切り、
  - ローズマリー
  - ……各少々
  - オリーブ油……大さじ1
- B
  - 塩
  - ……小さじ⅓強
  - こしょう……少々
- C
  - 生パン粉
  - ……大さじ6
  - 粉チーズ、
  - パセリのみじん切り、
  - オリーブ油……各大さじ1
  - にんにくのすりおろし
  - ……少々
- 塩、こしょう……各少々
- バター……大さじ1

作り方

[準備] **1** ラムは余分な脂肪をとり除き、Aをからめて10分おく。

[焼く] **2** Bを振り、中火のグリルで4〜5分、上下を返して3分焼く。まぜ合わせたCをのせ、さらに1〜2分焼いて器に盛る。

[つけ合わせ] **3** じゃがいもは皮ごと1つずつラップに包み、電子レンジで途中上下を返しながら7分ほど加熱する。熱いうちに皮をむき、半分に切ってから2〜3mm厚さに切る。玉ねぎは薄切りにする。

4 フライパンを熱してバターをとかし、**3**をいためて塩、こしょうを振り、ミニトマトとともに**2**に添える。（今泉）

香草と控えめ油でこんがりと焼くのが香ばしさのポイント
たこのオーブン焼き

材料（1人分）
- ゆでだこの足……70g
- にんにく……½かけ
- ローズマリー（生または乾燥）……少々
- 塩、こしょう……各少々
- パン粉……大さじ1
- オリーブ油……小さじ2
- パプリカパウダー……少々

作り方

[準備] **1** たこは6〜7mm厚さに切る。にんにくはみじん切りにする。

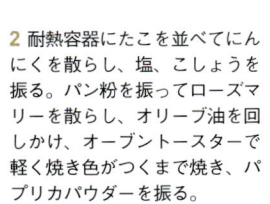

[焼く] **2** 耐熱容器にたこを並べてにんにくを散らし、塩、こしょうを振る。パン粉を振ってローズマリーを散らし、オリーブ油を回しかけ、オーブントースターで軽く焼き色がつくまで焼き、パプリカパウダーを振る。

Part 3 こんがり焼いたごちそう

COLUMN 3

グラタンの日の献立はこれ!
+1品 スープ

肉や魚のボリュームのあるグラタンには、ごはんやパンにスープを添えるだけで十分に豪華な食卓に。定番スープは野菜がたっぷりとれて、大好評まちがいなし。グラタンソースの味つけに合わせてチョイスして。

コーン缶を使ってラクラク。好みで冷やしてもおいしい

コーンクリームスープ

材料(2人分)
クリームコーン缶 …… ½缶(100g)
玉ねぎのみじん切り …… ¼個分
固形スープ …… 1個
塩、こしょう …… 各少々
生クリーム …… ½カップ
バター …… 大さじ1
パセリのみじん切り …… 少々
あらびき黒こしょう …… 少々

作り方
1 なべにバターをとかして玉ねぎをいため、しんなりとしたらクリームコーン、水1カップ、固形スープを加えて煮立てる。
2 7~8分煮て生クリームを加え、ひと煮立ちしたら塩、こしょうで味をととのえる。器に盛り、パセリ、黒こしょうを振る。(森)

野菜とビーンズがたっぷり！
パスタも入ってボリュームUP
ミネストローネ

材料（2人分）
ベーコン……50g
玉ねぎ……½個
ズッキーニ……¼本
パプリカ（赤、黄）
　……各½個
トマト……1個
レッドキドニービーンズ
（水煮缶）……80g
にんにくのみじん切り
　……½かけ分
スパゲッティ……50g
塩……少々
ローリエ……1枚
固形スープ……1個
オリーブ油……大さじ2
粉チーズ……適量
あらびき黒こしょう
　……適量

作り方
1 玉ねぎ、ズッキーニ、パプリカ、トマトはへたや種を除き、1cm角に切る。ベーコンは1cm幅に切る。レッドキドニービーンズはざるに入れ、さっと洗ってぬめりをとる。
2 なべにオリーブ油、にんにくを入れ、なべを傾けて弱火でいためる。香りが出たら玉ねぎを加え、中火にしてしんなりとするまでいため、ベーコンを加えて玉ねぎのまわりが茶色くなるまでいためる。ズッキーニ、パプリカ、トマトを加え、全体に油がなじむようにいため、塩、黒こしょう少々で調味し、キドニービーンズを加えてひとまぜする。
3 水3カップを注いでひとまぜし、ローリエ、固形スープを砕いて加える。煮立ったらスパゲッティをこまかく折って加え、10分ほど煮る。器に盛り、粉チーズと黒こしょうを振る。（広沢）

あさりのうまみがとけ出した
クリーミーな人気スープ
クラムチャウダー

材料（4人分）
あさり（むき身）……100g
じゃがいも……1個
玉ねぎ……½個
にんにく……1かけ
固形スープ……1個
塩、こしょう……各少々
生クリーム……1カップ
バター……大さじ1
あらびき黒こしょう
　……少々

作り方
1 じゃがいも、玉ねぎは1cm角に切り、にんにくはみじん切りにする。
2 なべにバターをとかして玉ねぎ、にんにくをいため、香りが出たらじゃがいも、水1.5カップ、固形スープを加えて煮立てる。
3 15分ほど弱火で煮て、あさり、生クリームを加えてひと煮立ちさせ、塩、こしょうで味をととのえる。器に盛り、黒こしょうを振る。（森）

コクがあるのに飲みやすい
じゃがいもの冷たいスープ
ビシソワーズ

材料（4人分）
じゃがいも ……3個
玉ねぎ ……½個
固形スープ ……1個
塩、こしょう ……各適量
生クリーム ……¼カップ
バター ……大さじ1
万能ねぎの小口切り
　……少々

作り方
1 じゃがいもは1cm厚さの半月切りにし、玉ねぎは縦半分に切ってから5mm幅に切る。
2 なべにバターをとかし、玉ねぎをしんなりとするまで2分ほどいため、じゃがいもを加えいため合わせる。
3 固形スープを湯3カップにとかし、半量を**2**に加える。塩小さじ½、こしょう少々で調味し、アクをとり、ふたをして弱火で15〜20分煮る。火を止めて残りのスープを加え、あら熱がとれたらミキサーにかける。
4 万能こし器でこし、塩、こしょう各少々で味をととのえ、冷蔵庫で冷やす。食べる直前に生クリームを加えてまぜ、器に盛って万能ねぎを散らす。（藤井）

在庫の野菜をせん切りにして
たっぷり入れて
野菜のスープ

材料（2人分）
ベーコン ……小1枚（10g）
玉ねぎ ……¼個（50g）
にんじん ……5cm（50g）
キャベツ ……2枚（100g）
A ｜ 水 ……2カップ
　　｜ 固形スープ（チキン）
　　｜ 　……½個
塩 ……小さじ¼
こしょう ……少々
オリーブ油 ……小さじ1

作り方
1 ベーコンは5mm幅に切る。玉ねぎは薄切り、にんじんは5cm長さのせん切り、キャベツは細切りにする。
2 フライパンにオリーブ油を熱してベーコンをカリッといため、玉ねぎ、にんじんを加えていためる。**A**とキャベツを加え、煮立ったらアクをとってふたをし、弱火で2分ほど煮、塩、こしょうで調味する。（今泉）

Part 4

ミニおかずやおつまみにも
チーズのせて焼くだけ!
あつあつチーズレシピ

黄身をとろりとくずして
アスパラにからめながら食べて

アスパラの卵チーズ焼き

材料（4人分）
グリーンアスパラガス
……3束
卵……4個
バター……20g
粉チーズ……大さじ4
塩、こしょう……各少々

作り方
1 アスパラは根元のかたい部分を切り落とし、下半分の皮をピーラーなどでむく。
2 耐熱容器にアスパラを並べ、バターをちぎってのせる。卵を割り入れて粉チーズを振り、オーブントースターで10分ほど焼いて塩、こしょうを振る。（藤井）

子どもにも大好評のチャチャッとレシピ

とうもろこしの
マヨネーズ焼き

材料（2人分）
とうもろこし……1本
玉ねぎ……¼個（50g）
A ┃ マヨネーズ……75g
　┃ 牛乳……¼カップ
　┃ 粉チーズ……10g
こしょう……少々

作り方
1 とうもろこしは長さを半分に切り、それぞれ実をそぐ。玉ねぎは薄切りにする。
2 ボウルにAを入れてまぜ、1を加えてまぜ、耐熱容器に入れる。
3 オーブントースター（900W）に2を入れ、こんがりと焼き色がつくまで12〜13分焼く。アルミホイルをかぶせ、とうもろこしに火が通るまでさらに5分焼く。オーブンの場合は230度に予熱してから10〜15分、こんがりと焼く。（小林）

とろけたチーズと
焼きトマトの相性がたまらない
チーズとミニトマトのグリル

材料（4人分）
ミニトマト …… 8個
モッツァレラチーズ
　…… 1個
塩、あらびき黒こしょう
　…… 各少々
オリーブ油
　…… 大さじ1弱

作り方
1 チーズは2cm角に切り、ミニトマトはへたをとる。
2 耐熱容器に**1**を並べ、オーブントースターで10分ほど焼き、塩、黒こしょうを振ってオリーブ油を回しかける。（キム）

スパムの塩けとキャベツの甘み、
しその香りがベストマッチ
スパムとキャベツのチーズ蒸し

材料（2人分）
ランチョンミート缶
（スパムなど）…… 小1缶
キャベツ …… 2〜3枚
サラダ油 …… 少々
ピザ用チーズ
　…… ½カップ
青じそ …… 3〜4枚

作り方
1 ランチョンミートは1cm角の棒状に切り、サラダ油を熱したフライパンで焼く。
2 きれいな焼き色がついたら、キャベツを適当な大きさにちぎりながら加えてさっといためる。チーズを散らし、ふたをして1〜2分蒸し焼きにし、チーズがとけたら青じそをちぎって散らす。（ダンノ）

Part 4　あつあつチーズレシピ

残った軸でもう1品!
軸ならではの甘みと食感を味わって
白菜の軸のチーズ焼き

材料（2人分）
白菜の軸 …… 200g
塩 …… 小さじ1/3
こしょう …… 少々
ピザ用チーズ …… 50g
オリーブ油 …… 大さじ1

作り方
1 白菜の軸は大きいものは食べやすく切り、塩、こしょうを振る。
2 浅めの耐熱容器に白菜の半量を敷き、チーズの半量を散らし、白菜、チーズを順に重ねる。オリーブ油を振り、オーブントースターでチーズがとけて焼き色がつくまで10分ほど焼く。（大庭）

即席グラタン風♪
子どもが大好きなマヨ&チーズが決め手
トマトのチーズマヨ焼き

材料（4人分）
トマト …… 3個
マヨネーズ
　…… 大さじ2〜3
オリーブ油 …… 少々
粉チーズ …… 大さじ1

作り方
1 トマトはへたをとって1cm厚さの輪切りにし、表面の水けをふき、内側にオリーブ油を薄く塗った耐熱容器に並べる。マヨネーズを格子状にしぼり出し、粉チーズを振る。
2 予熱したオーブントースターで8〜10分焼き、あればパセリのみじん切りを振る。（栗山）

切って焼くだけ。素材のうまみを存分に味わえる
輪切り玉ねぎのチーズ焼き

材料（2人分）
玉ねぎ …… 1個
粉チーズ …… 大さじ3
オリーブ油 …… 大さじ1
あらびき黒こしょう
　…… 少々

作り方
1 玉ねぎは1cm厚さの輪切りにする。
2 耐熱容器に玉ねぎを切り口を上にして並べ、切り口が隠れるように粉チーズをまんべんなく振る。オリーブ油を回しかけて黒こしょうを振り、オーブントースターでチーズがカリッとするまで10分ほど焼く。（石原）

香草がきいたカリカリのパン粉がクセになる
エリンギのイタリアングリル

材料（2人分）
エリンギ……2本
にんにく……½かけ
パセリ……適量
A｜パン粉……大さじ2
　｜オリーブ油……大さじ1強
　｜粉チーズ……大さじ1弱
　｜塩、こしょう……各少々
レモンの半月切り……適量

作り方
1 にんにくとパセリはみじん切りにし、Aとまぜ合わせる。
2 エリンギは縦に7mm厚さに切る。
3 オーブントースターの天板にアルミホイルを敷き、2を並べて1をまんべんなくのせ、パン粉に焼き色がつくまで5分ほど焼く。器に盛り、レモンを添える。（キム）

かぼちゃの甘みにチーズのコクが加わって、深い味わい
かぼちゃの蒸し焼き とろけるチーズのせ

材料（2人分）
かぼちゃ……250g
塩……小さじ½弱
ピザ用チーズ……40g
あらびき黒こしょう……少々

作り方
1 かぼちゃは7～8mm厚さに切り、塩を振る。
2 フライパンにかぼちゃを並べ、ふたをして弱めの中火で蒸し焼きにする（途中で上下を返す）。やわらかくなったらチーズを散らし、再びふたをし、チーズがとけたら器に盛って黒こしょうを振る。（浜内）

スパイシーなソースについつい箸がすすむ
ブロッコリーのカレーマヨ焼き

材料（4人分）
ブロッコリー……1個
塩……適量
A｜粉チーズ……大さじ1
　｜マヨネーズ……大さじ2
　｜カレー粉……小さじ1

作り方
1 ブロッコリーは小房に分け、塩を加えた湯でゆでる。
2 Aをまぜ合わせて1をあえ、耐熱容器に並べ、予熱したオーブントースターで5分焼く。（栗山）

Part 4 あつあつチーズレシピ

ゴーヤーの苦みとまろやかなチーズがよく合う
肉詰めゴーヤーのチーズ焼き

材料（4人分）
ゴーヤー……2本
玉ねぎのみじん切り
……½個分
A ┃ 合いびき肉
　┃　……300g
　┃ 塩……小さじ⅔
　┃ こしょう、ナツメグ
　┃　……各少々
小麦粉……適量
サラダ油……大さじ1
スライスチーズ……2枚

作り方
1 ゴーヤーは3cm厚さの輪切りにし、スプーンで種とわたをくりぬき、内側に小麦粉を振る。
2 フライパンにサラダ油大さじ½を熱して玉ねぎをいため、冷ます。
3 ボウルにAと2を入れてよくまぜ、1に詰め、両面に小麦粉を振る。
4 フライパンに残りのサラダ油を熱し、3を立てて並べ、ふたをして5分、上下を返して5分蒸し焼きにする。チーズを細切りにしてのせ、チーズがとけるまでふたをして1〜2分蒸し焼きにする。（夏梅）

とろけたチーズがコクを出して
和素材をクリーミーに
鶏チーいなり焼き

材料（4人分）
油揚げ（いなり用）
……12枚
鶏ひき肉……250g
卵……1個
万能ねぎの小口切り
……3〜4本分
A ┃ 酒、しょうゆ、
　┃ みりん、かたくり粉
　┃　……各大さじ1
　┃ ピザ用チーズ
　┃　……40g

作り方
1 ボウルにひき肉、卵、万能ねぎ、Aを入れてよくまぜる。
2 油揚げに1を等分に詰める（1枚に大さじ1くらい）。
3 フライパンを熱して2を並べ、ふたをして弱めの中火で2分ほど焼く。上下を返し、表面がカリッとするまで焼く。（舘野）

大きめのじゃがいもを使って、かわいいココットに
ココットinポテト

材料（4人分）
じゃがいも……4個
鶏胸肉……200g
玉ねぎ……½個
卵……1個
バター、マヨネーズ、
トマトケチャップ、
パセリのみじん切り
……各適量
塩、こしょう……各少々
粉チーズ……大さじ8

作り方
1 じゃがいもは皮ごと電子レンジでかたために加熱し、底を数mm切り落として平らにしてから上部¼を切り落とし、中身をくりぬいてカップを作る。くりぬいたじゃがいもはつぶし、マヨネーズであえる。
2 鶏肉はそぎ切りにし、塩、こしょうを振る。玉ねぎは薄切りにする。
3 じゃがいもカップの内側にバターを塗り、**1**と**2**を詰める。粉チーズを振ってケチャップをのせ、オーブントースターで7～8分焼き、パセリを振る。

焼いたトマトをそのままカップにして
かわいく&おいしく
トマトの落とし卵グラタン

材料（2人分）
トマト……2個
卵……2個
ウインナソーセージ
……4本
塩、あらびき黒こしょう
……各少々
粉チーズ……大さじ2

作り方
1 トマトは上部を1cmほど切り落として中をくりぬき、耐熱容器にのせ、器のあいたところにソーセージをのせる。
2 トマトカップに卵を1つずつ割り入れ、塩、黒こしょう、粉チーズを振る。オーブントースターで15分ほど焼き、切り落としたトマトを添え、あればパセリを添える。（石澤）

Part4 あつあつチーズレシピ

みそ＋チーズでまったりとしたコクを演出。おつまみに最適

厚揚げのきのこみそチーズ焼き

材料（4人分）
厚揚げ……2枚
きのこみそだれ
（まいたけ……1パック
しめじ……½パック
しいたけ……2個
酒……大さじ1
みそ……大さじ6
みりん……大さじ2）
ピザ用チーズ……80g

※きのこみそだれは作りやすい分量。余ったら常備菜として4〜5日保存可。

作り方
1 まいたけはほぐし、しめじは石づきを除いてほぐす。しいたけは軸を除いて四つ割りにする。厚揚げは熱湯をかけて油抜きし、厚みを半分に切る。
2 なべにきのこ、酒を入れてまぜながらいり煮にする。しんなりとしたら火からおろしてみそとみりんを加えてまぜ、再び火にかけてぽってりとするまでねりまぜる。
3 厚揚げの切り口に2を大さじ1ずつ塗ってチーズを散らし、オーブントースターで7〜8分焼き、斜め半分に切る。（岩﨑）

チーズは大胆にたっぷりON。タバスコやこしょうを振っても

長いものチーズピザ風

材料（4人分）
長いも……12cm
トマトソース
（市販品でも可）
……1カップ
オリーブ油……適量
ピザ用チーズ
……1カップ
バジルの葉……4枚

作り方
1 長いもは2〜3cm厚さの輪切りにし、皮をむく。
2 フライパンにオリーブ油を熱して長いもを並べ、両面をこんがりと焼き、トマトソースとチーズをのせてふたをする。弱火で4〜5分蒸し焼きにし、チーズがとけたら火を止め、器に盛ってバジルを飾る。（みなくち）

フライパンでパパッと。テーブルが華やぐ彩りおかず

ソーセージとトマトのオープンチーズオムレツ

材料（2〜3人分）
卵 …… 3個
ウインナソーセージ …… 4本
トマト …… 1個
ピザ用チーズ …… 30g
塩、こしょう …… 各少々
バター …… 15g
パセリのみじん切り …… 少々
あらびき黒こしょう …… 少々

作り方
1 トマトはくし形に切り、ソーセージは斜め薄切りにする。卵は割りほぐし、塩、こしょうを加えてまぜる。
2 フライパン（直径約26cm）にバターをとかし、**1**の卵液を一気に流し入れ、大きくひとまぜする。半熟のうちにトマト、ソーセージ、チーズをのせてふたをし、弱火で5〜6分蒸し焼きにする。途中でパセリを振る。
3 チーズがとけたら器に盛り、黒こしょうを振る。（相田）

じゃがいもとゆで卵の2素材だけで
おなかは大満足

ゆで卵とじゃがいものチーズ焼き

材料（4人分）
じゃがいも …… 3個
ゆで卵 …… 4個
塩、こしょう …… 各少々
ピザ用チーズ …… 100g

作り方
1 じゃがいもは7〜8mm厚さの輪切りにし、かためにゆでてざるに上げる。ゆで卵は7〜8mm厚さの輪切りにする。
2 オーブンの天板にクッキングシートを敷いてじゃがいもを並べ、塩、こしょうを振り、ゆで卵をのせる。チーズを散らし、200度にあたためたオーブンでこんがりと焼き色がつくまで7〜8分焼く。（検見﨑）

Part4 あつあつチーズレシピ

黒ごまチーズソースを
じっくり揚げたさつまいもにとろりとかけて
揚げさつまいもの黒ごまチーズソース

材料（2人分）
さつまいも
…… ½本（150g）
クリームチーズ …… 40g
A｜レモン汁 …… ½個分
　｜すり黒ごま
　｜　…… 小さじ2
　｜砂糖 …… 小さじ⅓
揚げ油 …… 適量

作り方
1 さつまいもは皮つきのまま乱切りにして水にさらし、ざるに上げて水けをふく。170度の揚げ油で4〜5分じっくりと揚げ、中まで火を通して油をきる。
2 耐熱ボウルにクリームチーズを入れ、電子レンジで30秒ほど加熱してやわらかくする。ゴムべらなどでクリーム状にねり、Aを加えてまぜる。
3 器に**1**を盛って**2**をかけ、からめながら食べる。（武蔵）

豆板醤の辛みがとろとろチーズの
おいしさをぐんとUP
焼きカマンベール

材料（2人分）
カマンベールチーズ
…… 1個
豆板醤 …… 小さじ½〜1
好みの野菜（セロリ、
きゅうり、にんじんなど）、
グリッシーニ …… 各適量

作り方
1 野菜はスティック状に切る。
2 カマンベールチーズは底をアルミホイルで包み、オーブントースターで4〜5分焼き、上面にナイフで切り目を入れてかたい表面をはがす。
3 **2**に豆板醤をのせ、野菜やグリッシーニを添え、チーズをまぜながらつけて食べる。（重信）
※チーズがかたくなったら再度焼いても。

甘辛のたれがしみ込んだこんがりおにぎりを
チーズが包んで美味

チーズ焼きおにぎり

材料（4個分）
ごはん……茶わん4杯分
焼き肉のたれ（市販品）
……適量
スライスチーズ
（とけるタイプ）……4枚
青じそ……4枚

作り方
1 おにぎりをしっかりにぎり、オーブントースター（またはグリル）で両面をこんがりと焼く（くずれないようしっかりと焼く）。
2 1にたれをはけで塗り、表面が乾いたらもう一度塗ってたれをしみ込ませ、表面をあぶるように焼く。
3 チーズをのせ、青じそを裏側が上になるようにのせ、熱でとけたチーズをしっかりなじませる。（相田）

もちの洋風アレンジ！
のせて焼くだけの速攻レシピ

もちピザ

材料（4個分）
切りもち……4切れ
ピーマン……1個
ツナ缶……小1缶
トマトケチャップ
……大さじ2
ピザ用チーズ……50g

作り方
1 もちは厚みを半分に切る。ピーマンはへたと種を除き、薄い輪切りにする。ツナは缶汁をきってほぐす。
2 クッキングペーパーにもちを並べてケチャップを塗り、ツナ、チーズ、ピーマンをのせる。オーブントースターで焦げないように注意しながら8〜10分焼く。（検見﨑）

Part4 あつあつチーズレシピ

トレーから出した形をそのまま生かしてピザ風に

合いびき肉のチーズ焼き

材料（2人分）
合いびき肉 …… 200g
トマト …… ½個（75g）
玉ねぎのあらいみじん切り
 …… ¼個分（50g）
塩、こしょう …… 各少々
ピザ用チーズ …… 40g
バジルの葉 …… 少々

作り方
1 トマトは種を除いて7〜8mm角に切る。
2 アルミホイルをオーブントースターの天板より少し大きめに切り、しわを寄せて天板に敷き、ひき肉をほぐさずにのせる。塩、こしょうを振り、チーズの半量、トマト、玉ねぎ、残りのチーズを順に広げてのせ、チーズがとけてこんがりとするまで7〜8分焼く。器に盛り、バジルを添える。（検見崎）

**鮭に新食感のおいしさと
ボリュームをプラス**

鮭の和風ピザ風

材料（4人分）
生鮭 …… 4切れ
しょうがのせん切り
 …… 1かけ分
わけぎの小口切り
 …… 4本分
A ｜ 酒 …… 大さじ1
 ｜ しょうゆ
 　…… 大さじ2
ピザ用チーズ …… 100g
いり白ごま …… 小さじ2

作り方
1 鮭は腹骨があればすきとり、厚みを3等分に切る（約5mm厚さ）。切りにくいときは薄いそぎ切りにしてもよい。ボウルに入れ、Aを加えてからめ、5〜10分おいて下味をつける。
2 オーブントースターの天板にアルミホイル（またはオーブンシート）を敷き、**1**を並べ、しょうが、わけぎ、チーズ、ごまを散らす。予熱したオーブントースターで10分ほど焼き、器に盛る。（大庭）

淡泊な鶏胸肉をジューシーなピザ風に焼き上げて

鶏胸肉のチーズ焼き

材料（2人分）
鶏胸肉……1枚（250g）
トマト……½個（100g）
A ┃ 塩……小さじ¼
　┃ こしょう、
　┃ にんにくのすりおろし
　┃ ……各少々
小麦粉……適量
オリーブ油……大さじ2
ピザ用チーズ……50g
パセリのあらいみじん切り
……少々

作り方
1 鶏肉は切り目を入れ、少しずつ包丁を入れて全体の厚みが7～8mmになるように開き、軽くたたいて厚みを均等にする。Aで下味をつけ、小麦粉をまぶす。
2 オーブンの天板にアルミホイルを敷いてオリーブ油大さじ1を塗り、1をのせ、残りのオリーブ油を振る。230度のオーブンで5～6分焼き、八割ほど火を通す。
3 くし形に切ったトマトをのせてチーズを散らし、さらに3～4分焼く。チーズがとけたら食べやすく切り、器に盛ってパセリを散らす。（検見﨑）

発酵食品どうしのみそとチーズは
健康にも◎で相性抜群

豚肉のにらみそチーズ焼き

材料（2人分）
豚肉（しょうが焼き用）
……6枚（200g）
にら……¼束（25g）
みそ……大さじ1½
みりん……大さじ1
サラダ油……小さじ1
プロセスチーズ（5mm厚さ）
……6切れ

作り方
1 にらは小口切りにし、みそ、みりんとまぜ、5分ほどおく。
2 豚肉は筋を切り、サラダ油を熱したフライパンに並べて1分ほど焼き、上下を返して火を止める。
3 2に1を塗り、チーズを1切れずつのせ、ふたをしてチーズがとけるまで弱火で2～3分焼く。
（重信）

Part 4 あつあつチーズレシピ

心もカラダも癒される
あったかSWEETS

心がほっと安らぐ極上スイーツを3ステップで。
こんがりと焼き上げた香りは
あたたかいうちはもちろん、冷めてもまた美味。

みんなが大好きないちごで
シンプルなスイーツグラタン
いちごのグラタン

材料（14cm長さの耐熱容器3皿分）
いちご …… 1パック
A│卵 …… 1個
 │卵黄 …… 2個分
 │グラニュー糖 …… 50g
小麦粉 …… 大さじ1
生クリーム …… 1/2カップ

作り方
1 いちごは洗ってへたをとり、耐熱容器に並べる。
2 ボウルにAを入れ、湯せんにかけてもったりとするまで泡立てる（ここで白ワイン1/4カップを加えまぜても）。小麦粉、生クリームを加え、なめらかになるまでゴムべらなどでまぜ合わせる。
3 1に2を流し入れ、3分ほど予熱したオーブントースターで10分ほど焼き、あれば粉糖を振る。

カリカリの食感としっとり甘いバナナが絶妙
バナナナッツグラタン

材料（4人分）
バナナ …… 2本
バターロール …… 1.5個
アーモンド …… 50g
レモン汁 …… 大さじ2
グラニュー糖 …… 大さじ2
バター …… 40g
メープルシロップ …… 40ml

作り方
1 バターロールは一口大にちぎり、オーブントースターでこんがりと焼く。アーモンドはあらみじんに切り、バナナは乱切りにする。
2 フライパンにバターを熱し、バナナ、グラニュー糖、レモン汁を入れてさっといためる。アーモンドを加え、バターをバナナにからめるようにしてさらにいためる。
3 耐熱容器に2を盛り、バターロールを散らしてメープルシロップを回しかけ、オーブントースターで10分ほど焼く。（渡辺有子）

フランソースをかけて焼くだけ。
あたたかいうちに堪能して
ブルーベリーのフラン

材料（4人分）
ブルーベリー …… 120g
A 卵 …… 1個
　　グラニュー糖 …… 20g
　　低脂肪牛乳 …… 120㎖
小麦粉 …… 12g
バター …… 少々

作り方
1 浅めの耐熱容器の内側にバターを薄く塗り、ブルーベリーをたっぷりと並べる。
2 ボウルに**A**をまぜ合わせ、ふるった小麦粉を加えて粉っぽさがなくなるまでまぜる。
3 **1**に**2**をかけ、オーブントースターで表面が色づくまで7〜8分焼く。（大越）

意外と簡単！
あつあつにアイスをのせれば極上スイーツに
アップルクランブル

材料（15×10cmの耐熱容器2皿分）
りんご …… 1個
砂糖 …… 30g
シナモンパウダー …… 少々
バター …… 少々
A バター（冷蔵庫でよく冷やしたもの）…… 25g
　　砂糖（あれば三温糖）…… 25g
　　小麦粉 …… 40g

作り方
1 りんごは皮をむいて一口大の薄切りにし、内側に薄くバターを塗った耐熱容器に並べ、砂糖、シナモンパウダーを振る。
2 ボウルに**A**を入れ、指ですり合わせるようによくまぜてそぼろ状にする。
3 **1**に**2**を振り、180度に予熱したオーブンで15分焼く。好みでアイスクリームを添える。（飯田）

バナナスイートポテト

おいもとバナナで甘みがぐ〜んとUP

材料（4×7×深さ3cmの楕円形ココット4個分）
バナナ……1本
さつまいも……200g
卵黄……1個分
牛乳……½カップ
バター（食塩不使用）……15g
- **A** 生クリーム……25ml
  砂糖……25g
- **B** 卵黄……½個分
  水……少々

グラニュー糖……小さじ1

作り方

1. バナナは5mm厚さの輪切りを4枚とり、残りは1cm角に切る。さつまいもは小さめに切る。
2. なべに牛乳、水1カップ、さつまいもを入れて煮、やわらかくなったら水けをきり、木べらでつぶす。バターを加えてとかし、**A**を加えてまぜる。卵黄を加え、なめらかになるまでまぜる。
3. ココットに角切りのバナナを入れ、**2**をのせて表面を平らにする。まぜ合わせた**B**を塗り、輪切りのバナナを1切れずつのせてグラニュー糖を振り、オーブントースターで10分ほど焼く（途中で焦げそうになったらアルミホイルをかぶせる）。(本間)

トースターチーズケーキ

トースターで手軽にできるベイクドチーズケーキ

材料（オーブントースターの天板1台分）
クリームチーズ（室温にもどしたもの）……250g
ウエハース……150g
バター……20g
- **A** 砂糖……50g
  生クリーム……¼カップ
  レモン汁……小さじ2
  小麦粉……小さじ1
  卵……1個

作り方

1. トースターの天板にアルミホイルを3枚敷き、オーブンシートを敷いて型を作る。ウエハースはポリ袋に入れてこまかく砕き、バターを加えてまぜ、型に押しつけるように敷き詰める（底が平らな容器などを使って押すと均等に固まる）。
2. クリームチーズと**A**を別のポリ袋に入れ、袋の上から手でもみほぐしてまぜ、型に注ぎ入れる。
3. アルミホイルでおおい、オーブントースターで12分ほど焼く。(トミタ)

ホクホク野菜をチーズでこんがり。
ワインのお供にもGOOD
さつまいもの
クリームチーズ焼き

材料（4人分）
さつまいも …… 200g
クリームチーズ
　…… 60g
砂糖 …… 小さじ2
くるみ（あらく砕いたもの）
　…… 適量

作り方
1. ボウルにクリームチーズを入れ、室温に30分ほどおいてやわらかくし、砂糖を加えてなめらかにまぜ合わせる。
2. さつまいもは1.5cm厚さの輪切りにし、水に5分ほどさらす。水けを軽くきって耐熱容器に並べ、ラップをかけて電子レンジ（600W）で3分ほど加熱する。
3. **2**に**1**を塗り、グリルに並べて焼き色がつくまで強火で焼き、器に盛ってくるみを散らす（オーブントースターで焼いても）。（コウ）

フワッとふくらんだ
オムレツのような甘くないデザート
チーズスフレプリン

材料（ココット2個分）
スライスチーズ
（とけるタイプ）…… 50g
卵 …… 2個
牛乳 …… 大さじ2
こしょう …… 適量

作り方
1. ボウルに卵を割りほぐし、牛乳、こしょうを加えてまぜ合わせる。
2. チーズをこまかく刻んで加えてまぜ、ココットに注ぎ、オーブントースターで2分ほど焼く。
3. いったんとり出してスプーンで切り目を入れ（こうしないと破裂してしまうので注意）、ふわりとふくらんで色がつくまでさらに3〜4分焼く。（トミタ）

素材別INDEX

肉・肉加工品

鶏肉
- ココットinポテト ……… 83
- 鶏肉とアスパラガスのみそドリア ……… 39
- 鶏肉とほうれんそうのトマトグラタン ……… 11
- 鶏肉のトマトソース焼き ……… 72
- 鶏肉のミートソースグラタン ……… 36
- 鶏胸肉とカリフラワーのチーズクリームグラタン ……… 38
- 鶏胸肉のチーズ焼き ……… 89

ひき肉
- 合いびき肉のチーズ焼き ……… 88
- かぼちゃのミートグラタン ……… 16
- きのこのドリア ……… 42
- 鶏チーいなり焼き ……… 82
- 肉詰めゴーヤーのチーズ焼き ……… 82
- 白菜のチーズグラタン ……… 43
- ハンバーググラタン ……… 18
- ひき肉とさつまいものグラタン ……… 41
- ひき肉のトマトグラタン ……… 40
- ひき肉のマッシュポテトグラタン ……… 10
- 焼きカレードリア ……… 24
- ラザニア ……… 64

豚肉
- 豚こまとほうれんそうのマヨたまグラタン ……… 45
- 豚肉とじゃがいもの重ねグラタン ……… 44
- 豚肉と長いものカレーグラタン ……… 22
- 豚肉のにらみそチーズ焼き ……… 89

牛肉
- ビーフストロガノフ風グラタン ……… 23

ラム肉
- ラム肉のパン粉焼き ……… 73

肉加工品
- お豆たっぷり簡単キッシュ ……… 69
- スパゲッティグラタン ……… 26
- ソーセージとトマトのオープンチーズオムレツ ……… 85
- そら豆とハムのパンキッシュ ……… 68
- チンゲンサイとハムのコーンクリームグラタン ……… 51
- とうふのカレークリームグラタン ……… 20
- とうふのトマトグラタン ……… 20
- ハムと大根の簡単グラタン ……… 50
- ハムとペンネのシンプルグラタン ……… 8
- マッシュルームとベーコンの卵チーズグラタン ……… 54

魚介類

えび
- えびとパスタのトマトクリームグラタン ……… 27
- えびのケチャップドリア ……… 46
- えびマカロニグラタン ……… 14

カキ
- カキとこんがりねぎのみそクリームグラタン ……… 20

からし明太子
- しそ明太チーズもちグラタン ……… 29

鮭
- 鮭とほうれんそう、エリンギのマヨグラタン ……… 47
- 鮭の和風ピザ風 ……… 88

たこ
- たこのオーブン焼き ……… 73

たら
- 塩だらとじゃがいものグリーングラタン ……… 48
- フィッシュグラタン ……… 12

ほたて
- ほたてとブロッコリーのマヨグラタン ……… 49

野菜

青じそ
- しそ明太チーズもちグラタン ……… 29
- チーズ焼きおにぎり ……… 87

かぼちゃ
- かぼちゃのミートグラタン ……… 16
- かぼちゃの蒸し焼き とろけるチーズのせ ……… 81
- 鶏肉のトマトソース焼き ……… 72

カリフラワー
- カリフラワーとブロッコリーのフラン ……… 66
- 鶏胸肉とカリフラワーのチーズクリームグラタン ……… 38

きのこ
- 厚揚げのきのこみそチーズ焼き ……… 84
- エリンギのイタリアングリル ……… 81
- きのこのドリア ……… 42
- ギョーザの皮のミニキッシュ ……… 69
- 鮭とほうれんそう、エリンギのマヨグラタン ……… 47
- 卵ソースのきのこドリア ……… 56
- とうふのミートソースグラタン ……… 53
- ビーフストロガノフ風グラタン ……… 23
- フィッシュグラタン ……… 12
- マッシュルームとベーコンの卵チーズグラタン ……… 54

キャベツ
- スパムとキャベツのチーズ蒸し ……… 79

きゅうり
- 焼きカマンベール ……… 86

グリーンアスパラガス
- アスパラの卵チーズ焼き ……… 78
- 鶏肉とアスパラガスのみそドリア ……… 39

ゴーヤー
- 肉詰めゴーヤーのチーズ焼き ……… 82

さつまいも
- 揚げさつまいもの黒ごまチーズソース ……… 86
- ひき肉とさつまいものグラタン ……… 41

じゃがいも
- ココットinポテト ……… 83
- 塩だらとじゃがいものグリーングラタン ……… 48
- 鶏肉のミートソースグラタン ……… 36
- ハンバーググラタン ……… 18
- ひき肉のマッシュポテトグラタン ……… 10
- フィッシュグラタン ……… 12
- 豚肉とじゃがいもの重ねグラタン ……… 44
- フラメンカエッグ ……… 70
- ゆで卵とじゃがいものチーズ焼き ……… 85

そら豆
- そら豆とハムのパンキッシュ ……… 68

大根
- ハムと大根の簡単グラタン ……… 50

玉ねぎ
- オニオングラタンスープ ……… 71
- とうもろこしのマヨネーズ焼き ……… 78
- 鶏肉のトマトソース焼き ……… 72
- ハムとペンネのシンプルグラタン ……… 8
- ひき肉のマッシュポテトグラタン ……… 10
- フィッシュグラタン ……… 13
- 豚こまとほうれんそうのマヨたまグラタン ……… 45
- 輪切り玉ねぎのチーズ焼き ……… 80

チンゲンサイ
- チンゲンサイとハムのコーンクリームグラタン ……… 51

とうもろこし
とうもろこしのマヨネーズ焼き ………… 78

トマト
合いびき肉のチーズ焼き ………………… 88
ソーセージとトマトのオープンチーズオムレツ
　………………………………………………… 85
トマトの落とし卵グラタン ……………… 83
トマトのチーズマヨ焼き ………………… 80
鶏胸肉のチーズ焼き ……………………… 89
フラメンカエッグ ………………………… 70
まるごと焼きトマトのスープ仕立て …… 71

長いも
長いもおろしのグラタン風 ……………… 57
長いものチーズピザ風 …………………… 84
豚肉と長いものカレーグラタン ………… 22

なす
なすのフラン ……………………………… 67

にら
豚肉のにらみそチーズ焼き ……………… 89

にんじん
焼きカマンベール ………………………… 86

ねぎ
カキとこんがりねぎのみそクリームグラタン … 20

白菜
白菜の軸のチーズ焼き …………………… 80
白菜のチーズグラタン …………………… 43
白菜のデミソースグラタン ……………… 57
ゆで卵と白菜のクリームグラタン ……… 55

パセリ
塩だらとじゃがいものグリーングラタン … 48

ブロッコリー
えびマカロニグラタン …………………… 14
カリフラワーとブロッコリーのフラン … 66
ハンバーググラタン ……………………… 18
ブロッコリーのカレーマヨ焼き ………… 81
ほたてとブロッコリーのマヨグラタン … 49

ほうれんそう
ギョーザの皮のミニキッシュ …………… 69
鮭とほうれんそう、エリンギのマヨグラタン … 47
鶏肉とほうれんそうのトマトグラタン … 11
豚こまとほうれんそうのマヨたまグラタン … 45
ほうれんそうのパングラタン …………… 28

ミニトマト
チーズとミニトマトのグリル …………… 79
ハンバーググラタン ……………………… 18

わけぎ
鮭の和風ピザ風 …………………………… 88

卵・とうふ・油揚げ&厚揚げ

卵
アスパラの卵チーズ焼き ………………… 78
カリフラワーとブロッコリーのフラン … 66
ギョーザの皮のミニキッシュ …………… 69
ソーセージとトマトのオープンチーズオムレツ
　………………………………………………… 85
そら豆とハムのパンキッシュ …………… 68
卵ソースのきのこドリア ………………… 56
トマトの落とし卵グラタン ……………… 83
鶏肉のミートソースグラタン …………… 36
なすのフラン ……………………………… 67
豚こまとほうれんそうのマヨたまグラタン … 45
フィッシュグラタン ……………………… 13
フラメンカエッグ ………………………… 70
マッシュルームとベーコンの卵チーズグラタン
　………………………………………………… 54
焼きカレードリア ………………………… 24
ゆで卵とじゃがいものチーズ焼き ……… 85
ゆで卵と白菜のクリームグラタン ……… 55

とうふ
とうふのカレークリームグラタン ……… 52
とうふのトマトグラタン ………………… 20
とうふのホワイトソースグラタン ……… 53
とうふのミートソースグラタン ………… 53

油揚げ&厚揚げ
厚揚げのきのこみそチーズ焼き ………… 84
鶏チーいなり焼き ………………………… 82

缶詰・加工品その他

缶詰
スパムとキャベツのチーズ蒸し ………… 79
チンゲンサイとハムのコーンクリームグラタン
　………………………………………………… 51
白菜のデミソースグラタン ……………… 57
ほうれんそうのパングラタン …………… 28
もちピザ …………………………………… 87

加工品その他
お豆たっぷり簡単キッシュ ……………… 69
ギョーザの皮のミニキッシュ …………… 69

ギョーザの皮のラザニア ………………… 65

ごはん・パスタ・パン・もち

パスタ・マカロニ
えびとパスタのトマトクリームグラタン … 27
えびマカロニグラタン …………………… 14
スパゲッティグラタン …………………… 26
鶏肉のミートソースグラタン …………… 36
ハムとペンネのシンプルグラタン ……… 8
ひき肉のトマトグラタン ………………… 40
ラザニア …………………………………… 64

ごはん
えびのケチャップドリア ………………… 46
きのこのドリア …………………………… 42
卵ソースのきのこドリア ………………… 56
チーズ焼きおにぎり ……………………… 87
鶏肉とアスパラガスのみそドリア ……… 39
焼きカレードリア ………………………… 24

パン
オニオングラタンスープ ………………… 71
そら豆とハムのパンキッシュ …………… 68
ほうれんそうのパングラタン …………… 28

もち
しそ明太チーズもちグラタン …………… 29
もちピザ …………………………………… 87

スイーツ
アップルクランブル ……………………… 91
いちごのグラタン ………………………… 90
さつまいものクリームチーズ焼き ……… 93
チーズスフレプリン ……………………… 93
トースターチーズケーキ ………………… 92
バナナスイートポテト …………………… 92
バナナナッツグラタン …………………… 90
ブルーベリーのフラン …………………… 91

料理指導（五十音順）

相田幸二　飯田順子　井澤由美子　石澤清美
石原洋子　市瀬悦子　今泉久美　岩﨑啓子
枝元なほみ　大越郷子　大庭英子　川上文代
キムアヤン　栗山真由美　検見﨑聡美　コウケンテツ
小林まさみ　重信初江　瀬尾幸子　田口成子
舘野鏡子　ダンノマリコ　堤人美　トミタセツ子
夏梅美智子　浜内千波　平野由希子　広沢京子
藤井恵　藤野嘉子　本間節子　みなくちなほこ
武蔵裕子　森洋子　吉田瑞子　渡辺麻紀
渡辺有子

STAFF

表紙の料理、新規撮影分の料理指導　今泉久美
表紙デザイン　成冨チトセ（細山田デザイン事務所）
表紙撮影　鈴木江実子（主婦の友社写真課）
表紙スタイリング　八木佳奈
料理撮影　主婦の友社写真課
本文デザイン　成冨チトセ（細山田デザイン事務所）
編集　中野桜子
編集デスク　藤岡眞澄（主婦の友社）

セレクトBOOKS

ごちそうグラタンと あつあつチーズレシピ

おうちで簡単！
大好きとろ〜りチーズで焼くだけ夕ごはん
人気のハフハフレシピ103

編　者　主婦の友社
発行者　荻野善之
発行所　株式会社主婦の友社
　　　　〒101-8911 東京都千代田区神田駿河台2-9
　　　　電話03-5280-7537（編集）
　　　　電話03-5280-7551（販売）
印刷所　図書印刷株式会社

■乱丁本、落丁本はおとりかえします。お買い求めの書店か、主婦の友社資材刊行課（電話03-5280-7590）にご連絡ください。
■内容に関するお問い合わせは、主婦の友社書籍・ムック編集部（電話03-5280-7537）まで。
■主婦の友社が発行する書籍・ムックのご注文、雑誌の定期購読のお申し込みは、お近くの書店か、主婦の友社コールセンター（電話0120-916-892）まで。
※お問い合わせ受付時間　月〜金（祝日を除く）9：30〜17：30

主婦の友社ホームページ　http://www.shufunotomo.co.jp/

この本は小社刊行の雑誌・ムック・書籍から抜粋したレシピに新規取材を加えて再編集したものです。

©主婦の友社 2012　Printed in Japan
ISBN978-4-07-284339-0
R本書を無断で複写複製（電子化を含む）することは、著作権法上の例外を除き、禁じられています。本書をコピーされる場合は、事前に公益社団法人日本複製権センター（JRRC）の許諾を受けてください。
また本書を代行業者等の第三者に依頼してスキャンやデジタル化することは、たとえ個人や家庭内での利用であっても一切認められておりません。
JRRC　〈http://www.jrrc.or.jp　eメール：jrrc_info@jrrc.or.jp　電話03-3401-2382〉
し-103101